これで困らない!

自分でできる

遺言書

作成の手引き

二見書房

目次

はじめに……3
相続・遺言に関する民法の一部が改正されます……4
遺言書は特別な人だけがつくる特別なものではありません……6
いくつかの例をご紹介します……8
ケース1 長男に全ての遺産を相続させたい……10
ケース2 相続人がたくさんいる……14
ケース3 子供のいない夫婦……18
ケース4 法定相続人以外に遺産を残したい……22
ケース5 相続人がいない……26
ケース6 外国人と結婚している……30
ケース7 夫婦が内縁関係である……34
ケース8 息子の嫁にも財産を残したい……35
ケース9 子供に事業を継いでもらいたい……36
ケース10 介護が必要な家族がいる……37
遺言書の基礎知識……38
遺言書について……38
法定相続人について……40
遺言書でできること、できないこと……42
法定相続分について……44
遺留分について……45
自筆証書遺言の作成から実行までの流れ……46
遺言書を書いてみましょう……48
自筆証書遺言の作成について……50
必ず守らなければいけないこと……50
書き間違いなど訂正をしたい場合……51
財産目録の添付の仕方……52
遺言書が2枚以上になる場合……53
自筆証書遺言の保管について……54
遺言書を見つけたら……54
遺言書の保管方法……55
遺言書Q&A……56
公正証書遺言について……58
用語解説……60
相談窓口など……63

はじめに

「遺言書」と聞くと、何だか悲観的でネガティブな印象を受ける方、また、お金持ちが相続争いを防止するために作成するもの、というイメージを持つ人も多いのではないでしょうか。

けれども、高齢化や離婚増加といった家庭環境の変化にともない、最近は自分が死んだあと、相続によって残された家族たちが仲違いしないようにと、遺言書を作成する方が増えてきています。

遺言書を作成する意味は、

・遺産を特定の人に残すことで、大切な人のこれからの生活を守ってあげられる

・お世話になった人へのお礼ができる

・遺産の相続手続きなどがスムーズになり、残された人の負担を軽くできる

などさまざまですが、やはりなんといっても、**『皆さんにとって大切な方々が、遺産や権利などをめぐって勝手な争いやもめごとを起こさないための予防』**にあるということです。

あなたの想いや願い、それを形にしてあげられるのは、生きて元気でいる間だけ。

「相続」とするか、「争続」となってしまうかは、皆さんの事前の準備ひとつなのです。

本書をきっかけとして、遺言書の存在の大切さや、作成にあたっての具体的な手順などを学んでください。

そして付属のセットを活用して、実際にあなたの手で、あなた自身の想いを、ぜひかたちにしてみてください。

相続・遺言に関する民法の一部が改正されます

Inheritance Revision

２０１８年7月13日、相続・遺言に関する民法を改正する法律が公布されました。

高齢化社会に対応し、相続トラブルを避けるための改正で、約40年ぶりの大きな見直しとなっています。

改正のポイントは大きく次の６つにまとめられます。

改正のポイント

①自筆証書遺言の方式緩和と遺言書保管制度の創設

→次ページ参照

②配偶者の居住権を保護するための方策

配偶者が被相続人《ひそうぞくにん》P.62の持ち家に継続して居住できる「配偶者短期居住権」と「配偶者居住権（長期居住権）」が新設されます。

③遺産分割についての見直し

配偶者保護のために遺産相続の際に実質的な取り分が多くなるように見直され、あわせて預貯金の仮払い制度が新設されます。

④遺留分制度についての見直し

相続人《そうぞくにん》P.62が生前贈与を受けた場合、遺留分《いりゅうぶん》P.60の算定基礎財産となるのは相続開始から10年以内の贈与に限定され、遺留分請求に対する支払いは金銭で行えるようになります。

⑤相続の効力等についての見直し

財産の取得方法によって扱いが分かれていた登記などの対抗要件が全てにおいて必要となるため、遺言者の死亡後、速やかに登記などの手続きを行うことが重要となります。

⑥相続人以外の貢献を考慮するための方策

相続人でない親族（息子の嫁など）が無償で介護を行うなど被相続人に特別の寄与をした場合、相続人に対して金銭（特別寄与料）を請求できるようになります（被相続人の内縁の配偶者・連れ子は対象外）。

施行期日について

◎「自筆証書遺言の方式緩和」は２０１９年1月13日施行。「遺言書保管制度の創設」は公布日（２０１８年7月13日）から2年以内に施行。

◎「配偶者の居住権を保護するための方策」も、公布日から2年以内に施行。その他は、公布日から1年以内に施行。

自筆証書遺言の方式緩和 （2019年1月13日施行）

◎財産目録に限って、自筆でなくても認められる。

◎パソコンで目録を作成したり、通帳のコピーや登記証明書の添付が可能になる。ただし、添付するすべてのページに署名・押印が必要。

これまでは財産目録（不動産では登記事項、預貯金では金融機関名・口座番号など）も含め、全文を手書きしなければなりませんでしたが、法律が施行される2019年1月13日以後は、財産目録に限って自筆でなくともよくなります（ただし、すべてのページに署名・押印が必要）。

これにより、誤記や記入漏れなどが減り、作成者の負担も少なくなると期待されます。

遺言書保管制度の創設 （2020年7月12日までに施行）

◎自筆証書遺言を法務局で保管する制度が新たにできる。

◎遺言書の原本に加え、画像データとしても保存される。

◎遺言書を書いた人が死亡した場合、相続人は法務省に申請して、遺言書の閲覧、画像データの確認ができる。

◎これまで必要だった、家庭裁判所での遺言書の検認《けんにん》P.60手続きが不要となる。

これまで自筆証書遺言は、自宅で保管されるのが一般的でした。そのため、遺言書が見つけられなかったり、相続人による廃棄・偽造・改ざんなどが行われる恐れがありました。

こうしたトラブルを避けるため、自筆証書遺言を法務局で保管する制度が創設されます。

遺言者本人が法務局に封をしていない遺言書を持参し、保管の申請を行います。本人による遺言書の閲覧や保管の撤回はいつでもできます。

遺言者が死亡して相続が開始されると、相続人は、遺言書の写しの請求や遺言書の閲覧が可能になります。

相続人の1人から遺言の写しの公布や閲覧がされたら、申請者以外の相続人に遺言書が保管されていることが通知されます。

これまでは遺言書を開封する前に家庭裁判所で検認手続きが必要でしたが、保管制度を利用するとこれが不要となります。

なお、具体的な施行日、料金、様式など詳細については未定です（2018年11月現在）。

遺言書は特別な人だけがつくる特別なものではありません

例えば、欧米では愛情表現のひとつであると考えられ、ごく自然なことである〝遺言書を残す〟こと。

日本人にとっては、特別な人だけに必要で一般的ではないものと考える方は、まだまだ多いようです。

しかし、遺言書はお金持ちやご年配の方だけが作成するものでは決してありません。


遺言書は、万が一の時の愛する人たちへのもの。

残された家族や大切な人たちに〝争続《そうぞく》〟で悲しい思いをさせないために必要なものなのです。

まずは、次に掲げたそれぞれの項目をチェックしてみてください。

遺言書のお助け人
マゴコロ弁護士

- □うちは家族みんな仲が良い
- □子供がたくさんいる
- □同居している子供と、そうでない子供がいる
- □夫(または妻)がすでに他界している
- □うちは財産が少ないから相続争いなんて無縁だと思う
- □親戚・家族同士の交流があまりない
- □財産といったら自宅ぐらいしかない
- □私には子供がいない
- □世話になった人(長男の嫁など)に財産を残したい
- □家族で個人商店・企業などを経営している
- □財産の種類や数が多い
- □病弱の家族がいる
- □内縁関係のパートナーがいる
- □身寄りがない
- □国際結婚している

以上の項目にひとつでも当てはまる方は、遺言書の作成をおすすめします。

いくつかの例をご紹介します

これからご紹介するのは、遺言書の作成が特に必要と思われる10例の方々です。それぞれのご家族の事情などを踏まえ、私の解説を交えながら詳しくみていきましょう。

ケース 1
長男に全ての遺産を相続させたい

P.10～

ケース 4
法定相続人以外に遺産を残したい

P.22～

ケース 8
息子の嫁にも財産を残したい

P.35～

ケース2
相続人がたくさんいる

P.14～

ケース3
子供のいない夫婦

P.18～

ケース5
相続人がいない

P.26～

ケース6
外国人と結婚している

P.30～

ケース7
夫婦が内縁関係である

P.34～

ケース9
子供に事業を継いでもらいたい

P.36～

ケース10
介護が必要な家族がいる

P.37～

ケース

1 長男に全ての遺産を相続させたい

奥さんがすでに他界している前川博光さん。もともと心臓に持病があることから、長男・浩徳さんの家族と、博光さんの自宅で同居をしています。今年80歳になったことを機に、長年面倒をみてくれた浩徳さん夫婦を部屋に呼び、自分が元気なうちに遺産についての話をしておこうと思いました。

前川さんご家族の場合

次男・満豊さん	長男・浩徳さん	父・博光さん
（48歳／会社員）	（52歳／自営業）	（80歳）
口がうまく、ずる賢い	面倒見が良く、人がいい	浩徳夫婦と同居

お前たちには長いこと介護してもらったなあ
父・博光さん
浩徳は弟のために大学進学をあきらめてくれた上に私のことを精一杯面倒みてくれた
ありがとう感謝しているよだからお前に財産の全てを遺すという遺言書を書くよ
長男・浩徳さん
浩徳さんの嫁
遺言書

え!?別に書かなくていいんじゃない?
満豊にこの前話をしたんだそしたら…
今のボクがあるのは兄さんのおかげさ遺言書なんかなくたって
財産をくれ…なんて言わないよ!!安心して!!
次男・満豊さん
…って言われたから
遺言書なんていらないんじゃない?

ケース１のポイント

- ●長年父親の面倒をみてきたのは長男の浩徳さん
- ●父親は世話になった長男・浩徳さんに全てを譲りたいと希望
- ●弟・満豊さんと兄・浩徳さんの間で交わされた財産分割の話は口約束のみ

博光さんの遺言書

遺言書

作成についての詳細は48ページを参照

遺言者 前川博光は、次の通り遺言する。

一．遺言者は、遺言者の有する以下の不動産、預貯金等を含む一切の財産を、遺言者の長男 前川浩徳（一九六六年二月九日生）に相続させる。

（一）土地

所在／神奈川県川崎市歩多見六丁目　地番／四番地七

種類／居宅　地積／152・32平方メートル

（二）建物

所在／神奈川県川崎市歩多見六丁目　地番／四番地七

種類／居宅　構造／鉄骨造スレート葺3階建て

床面積／一階 103・59平方メートル　二階 89・45平方メートル

三階 28・61平方メートル

（三）遺言者名義の預貯金および債券の全部を含む金融資産

①フタミ銀行 川崎支店（口座番号243521）

（四）その他、遺言者に属する一切の財産

二．遺言者は、次の者を遺言執行者に指定する。

弁護士　上野 晃

住所　東京都世田谷区喜多上三丁目四番地五号

生年月日　一九七一年十二月十日

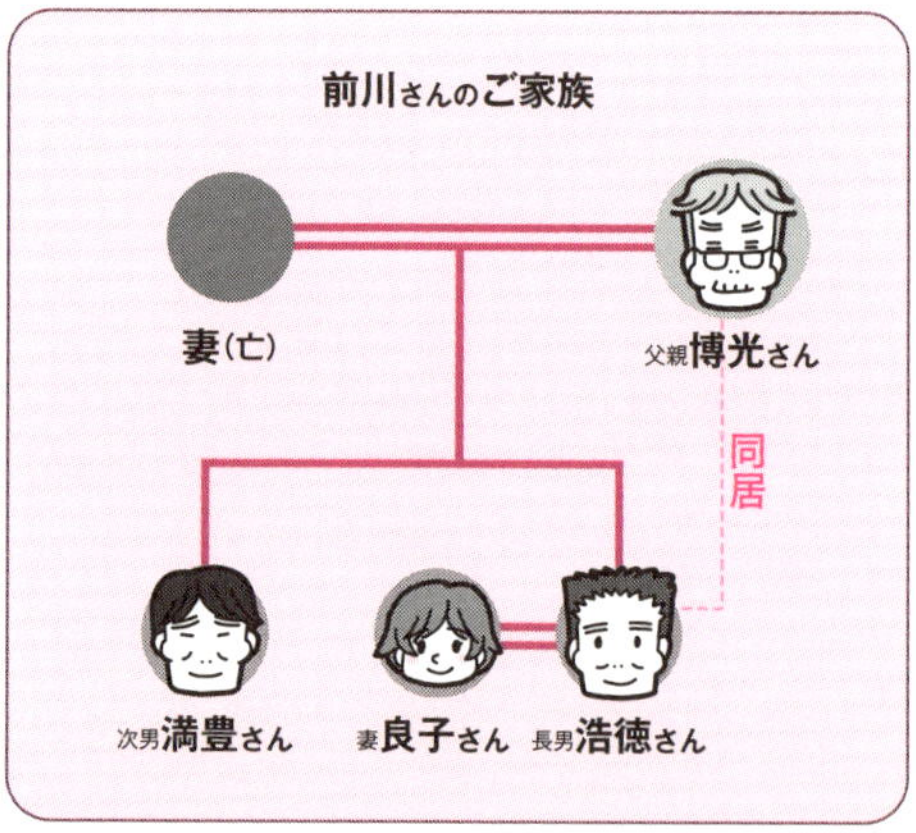
前川さんのご家族
妻(亡)
父親博光さん
同居
次男満豊さん
妻良子さん
長男浩徳さん

コラム 遺言執行者《ゆいごんしっこうしゃ》 P.62 は必ず指定する

せっかく遺言書を作成しても、それが確実に実行されなければ何の意味もありません。遺言執行者は、遺言の内容を実現するために、相続に必要な一切の手続きを単独で行う権限があります。遺言執行者を指定しておけば、それらをスムーズにまたスピーディーに処理することが可能となります。

三、付言事項
長男 前川浩徳はこれまで私と同居をし、長い間色々と面倒をみて助けてくれた。
そこで、すべてを相続させることにした。
次男 満豊は、どうか父の想いを汲んで、長男に異議を述べないことを希望したい。

平成三十年五月五日

住所　神奈川県川崎市歩多見町六丁目四番地七

遺言者　前川　博光

前川

【解説】

兄弟仲が悪い場合はもちろんのこと、仮に今回のケースのように現時点では兄弟２人の仲が悪いとはいえない場合であっても、遺言書を作成しておくことはとても重要です。

特に、**法定相続分**《ほうていそうぞくぶん》P.44 P.62以上の財産を、特定の**相続人**《そうぞくにん》P.40 P.62長男・浩徳のみに与えたいと希望する場合には、遺言をしておかないと**遺産分割協議**《いさんぶんかつきょうぎ》P.60の際、大きなもめ事の要因になってしまいかねません。

仮に、２人の仲がとても良かったとしても、その周囲にいる配偶者や子供の存在などによって、結果的に不仲になってしまうというケースも多くあります。そういった不幸な争いを事前に予防するためにも、ぜひとも遺言書を作成しておくのがよいでしょう。

ココは押さえドコロ

財産を１人だけに全て譲ることは困難!?

遺言で、全財産を兄弟のうちの兄だけに与えると記載している場合でも、実は全財産を子供の１人だけに確実に与えることはできません。というのは、弟は「**遺留分侵害額**《いりゅうぶんしんがいがく》**の請求**《せいきゅう》」P.45 P.60ができるからなのです。遺留分の侵害額請求というのは法定相続人が有する権利であり、遺言者の意思に背いても法定相続人を保護すべきとされる最低限の割合（＝**遺留分**《いりゅうぶん》P.45 P.60）を示したもの。

弟が遺留分侵害額の請求をした場合には、兄は弟に対し、相続財産の４分の１相当額を与えなければならないことになります。こういったことも見越して、遺留分相当の額をあらかじめ弟に遺言で与えておくというのもひとつの方法です。

ケース 2

相続人がたくさんいる

岩田さんご兄弟の家は、早くに奥さんを亡くした父親が、幼い子供たちのためにと後に再婚したことにより、兄弟姉妹が全部で7人もいる大家族。しかし最近、高齢の父親が病床にあり、家族はみんな心配しています。そんな折、父親と同居中の長男から電話がありました。

岩田さんご兄弟の場合

四男・一雄さん
（48歳／自営業）
後妻の長男

五男・雄二さん
（46歳／会社員）
後妻の次男

ケース２のポイント

- 岩田家の先妻および後妻ともにすでに他界
- 日頃７人の兄妹間における交流は希薄
- 長男・光一さんは病気の父親と同居中

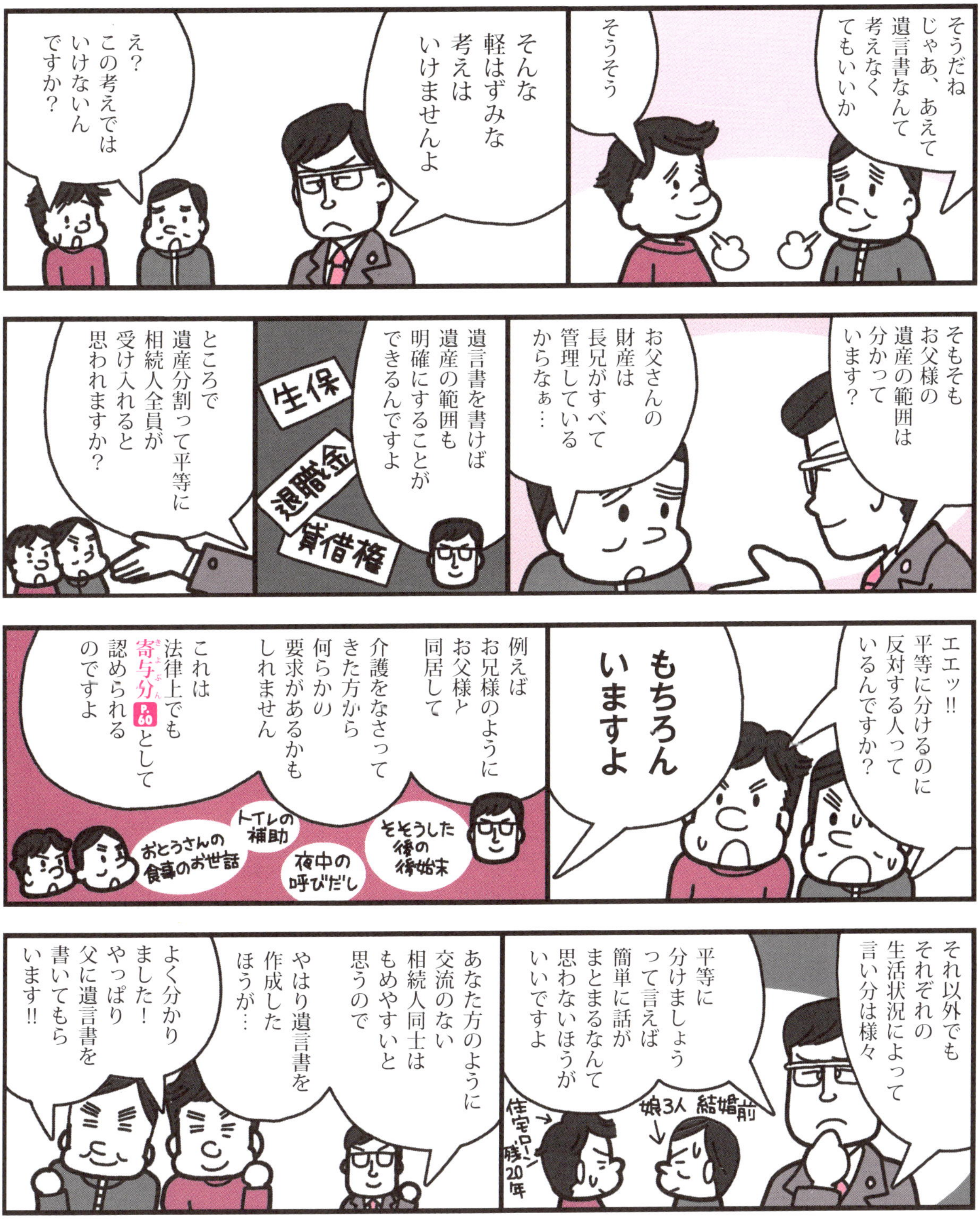

光雄さんの遺言書

遺言書

作成についての詳細は48ページを参照

遺言者 岩田光雄は、次の通り遺言する。

遺言者は、遺言者の遺産の分割協議において、次のとおり分割の方法を指定する。

一．次の土地、建物は、長男 岩田光一（一九六二年一月三日生）に相続させる。

（一）土地

所在／栃木県那須市布多町三丁目　地番／一番地五

地目／宅地　地積／80・69平方メートル

（二）建物

所在／栃木県那須市布多町三丁目　地番／一番地五

種類／居宅　構造／木造瓦葺2階建て

床面積／一階　65・39平方メートル　二階　48・26平方メートル

三階　28・61平方メートル

二．次の預貯金および株式、債権を含む全ての金融資産は

次男 岩田光二、三男 岩田光三、四男 岩田一雄、五男 岩田雄二、

長女 岩田美津子、次女 岩田よし香、に各六分の一の割合で相続させる。

※各相続人ごとに生年月日を記入する

（一）遺言者名義の預貯金および債券

フタミ銀行 那須支店（口座番号267312）

（二）遺言者名義の有価証券

フタミ銀行株式会社の株式150000株

（三）その他、遺言者に属する一切の財産

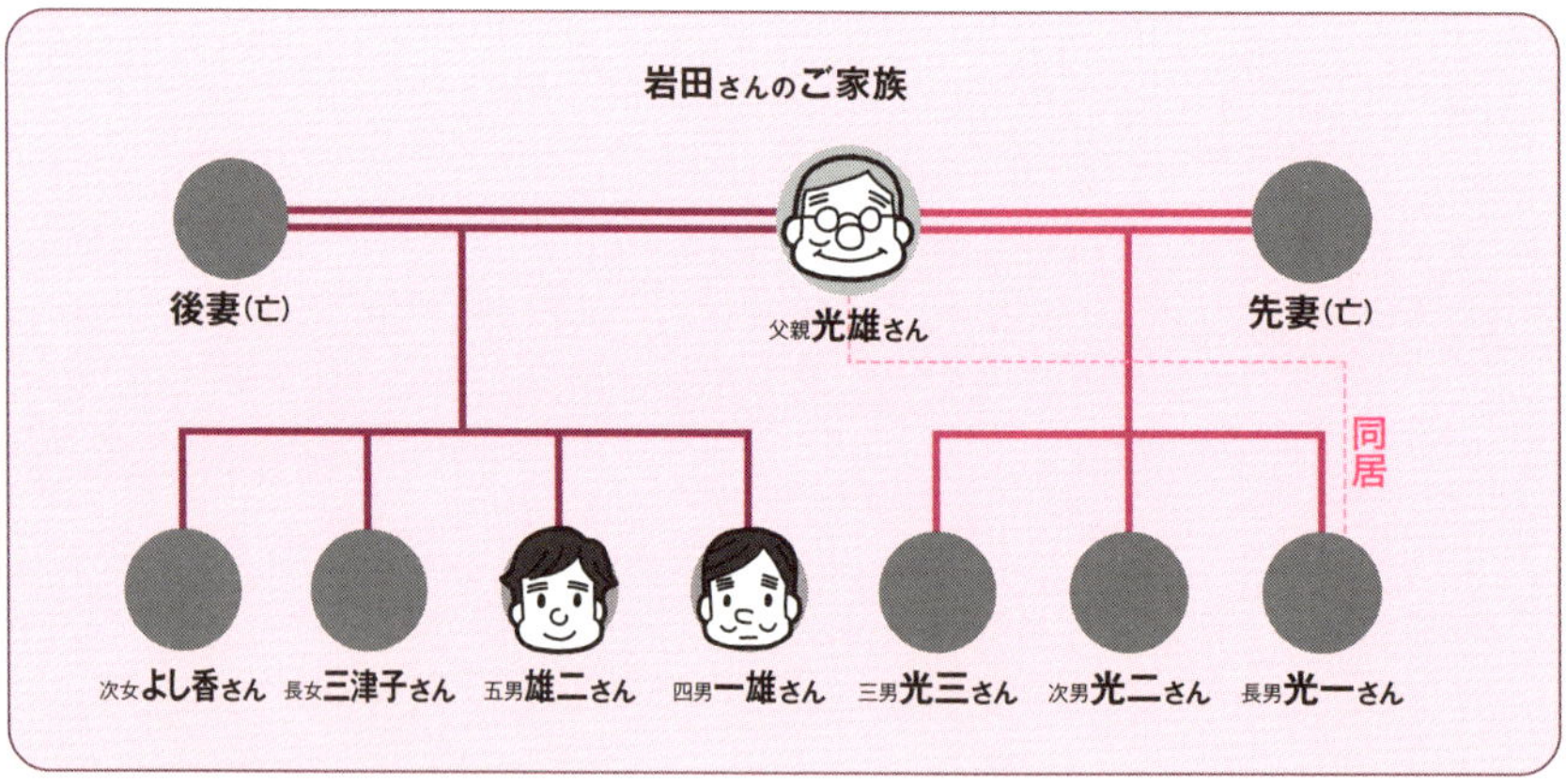
岩田さんのご家族
後妻（亡）
父親光雄さん
先妻（亡）
同居
次女よし香さん
長女三津子さん
五男雄二さん
四男一雄さん
三男光三さん
次男光二さん
長男光一さん

三、遺言者は、次の者を遺言執行者に指定する。
弁護士　上野 晃　※住所・生年月日を記入する
四、付言事項
長男 光一には代々続いた岩田家の土地建物を、これからも維持していってほしい。

平成三十年五月十日

住所　栃木県那須市布多町三丁目一番地五

遺言者　岩田 光雄　岩田

【解　説】

今回のケースのように相続人がたくさんいる場合、**遺産分割協議**《いさんぶんかつきょうぎ》P.60が混乱するのはよくあること。特に、相続人間の交流が希薄な場合は、かなりの確率で大小さまざまなもめ事が起こります。ですから、本来は光雄さん（**被相続人**《ひそうぞくにん》P.62）が亡くなる前に、相続人全員で十分に話し合っておくのが一番です。父親の生前にそのような話を他の兄妹に持ちかけるのも勇気がいるものですが、父親の死後に予想もしなかったような相続争いが起きてしまうのを防ぐためにも、遺言書はつくるべきなのです。

また、遺産の中に不動産がある場合、不動産も含めた遺産を兄妹全員で等分に分けることもできますが、それよりも、不動産については特定の相続人に与え、それ以外の預貯金や有価証券などの金融資産を他の相続人で分割するというやり方のほうが、不動産の細分化を防ぐことにもなりおすすめです。

ココは押さえドコロ

遺言のみに頼りきるのは注意が必要

相続人の中の1人に不動産を与える遺言を書いたとしても、その他の相続人に**遺留分**《いりゅうぶん》P.45 P.60を主張されれば、その分の財産を支払わなければならず、その場合、支払う分のお金がないと、結局相続した土地を売り払ってお金をつくらねばなりません。

こういったケースもよく起こりうることといえますので、遺言書にのみ頼るのではなく、やはり相続人間で事前に話し合いを進めておくことはとても大切です。

場合によっては、他の相続人には事前に、**遺留分の放棄**P.60をしてもらうということも可能ですので、活用してみるとよいかもしれません。

ケース3

子供のいない夫婦

結婚3年目の2人は、
共働きで子供はまだおらず、
余暇はお互いに大好きなスポーツや
旅行などを満喫して、
夫婦の時間を過ごしています。
ある日、佳子さんは、
独身・47歳の会社の先輩が、
将来の相続のことを考え
遺言書を作成したということを聞き、
そのことを夫に話しました。

岩井さんご夫婦の場合

妻・佳子さん
（30歳／会社員）
若くして両親はすでに他界

夫・健太郎さん
（37歳／会社員）
一人っ子で、両親が健在

会社の先輩がね お互いに遺言書を 書いておいたほうが いいっていうの ずいぶん心配性な 人よね
妻・佳子さん
そうだね だってもし僕に 何かあったとしても 妻である君が全財産を 相続するに 決まってるだろ
うーん…
うちには 遺言書なんて 必要ないと 思うなあ…
夫・健太郎さん
まあ ともかく 今の私達には 関係ないわね
ホッ
そういう ことだねっ
楽しそうな ところを失礼 しますが… それは大きな 間違いですよ

ケース３のポイント

- 岩井夫婦には子供がいない
- お互いに、相手に全財産を遺したいと思っている
- 遺言書が存在しない場合には、相続人間で遺産分割協議が必要

健太郎さんの遺言書

遺言書

遺言者 岩井健太郎は、次の通り遺言する。

一.遺言者は、遺言者の有する以下の不動産、預貯金等を含む一切の財産を、
遺言者の妻 岩井佳子(一九八八年九月二十八日生)に相続させる。

(一)遺言者名義のマンションの一室(敷地権を含む)
所在/東京都千代田区双海三丁目二番地一号　建物名称/双海パーク
種類/共同住宅　占有部分/301
構造/軽量鉄骨造　床面積/70・23平方メートル

(二)遺言者名義の預貯金
①フタミ銀行 千代田支店(口座番号223223)
②双海郵便局 岬支店(口座番号322000)
に対する預貯金債権の全部

(三)その他、遺言者に属する一切の財産

二.遺言執行者として、妻 岩井佳子を指定する。

三.付言事項
自分にもしも何かあった際、一番の心残りである愛する妻佳子のため、
これから先の君の人生の支えに少しでもなってくれればと思い、
これを作成しました。父さん、母さん、そして親戚の皆さん
どうかこの私の遺志を尊重していただき、
佳子の助けになってあげてください。

平成三十年十二月二十日
住所 東京都千代田区双海3-2-1双海パーク301
遺言者 岩井 健太郎
(岩井)

作成についての詳細は48ページを参照

佳子さんの遺言書

遺言書

遺言者 岩井佳子は、次の通り遺言する。

一.遺言者は、遺言者の有する以下の財産の全部を、
遺言者の夫 岩井健太郎(一九八一年四月十七日生)に相続させる。

(一)遺言者名義の預金
・フタミ銀行 千代田支店(口座番号341832)
に対する預貯金の全部

(二)遺言者名義の有価証券
・MITA銀行株式会社の株式3000株
・フーミエンタテインメント株式会社の株式500株
・株式会社双海百貨店の株式1000株

(三)その他、遺言者に属する一切の財産

二.遺言執行者として、夫 岩井健太郎を指定する。

平成三十年十二月二十日
住所 東京都千代田区双海3-2-1双海パーク301
遺言者 岩井 佳子
(岩井)

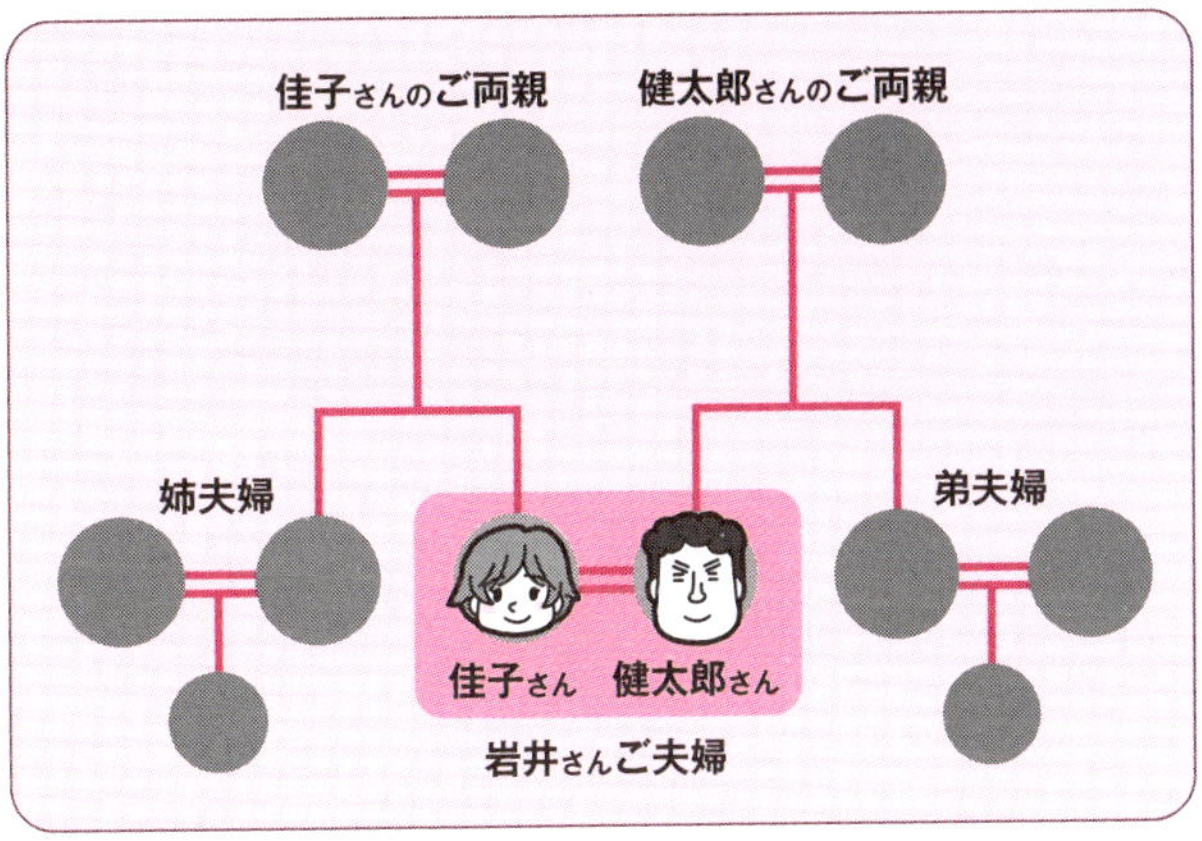

【解説】

ご夫婦2人きりの場合、遺言書の重要性については、案外知られていません。なんとなく、自分が死んだら、当然配偶者である妻や夫に全財産がいくものだと考えている方が多いからでしょう。

でも、それは必ずしも正しいとはいえないのです。実は、お子さんがなくご夫婦だけの場合のほうが、きちんと遺言書を作成しておく必要があるのです。

実際には、被相続人《ひそうぞくにん》P.62のご両親が健在の場合、ご両親に3分の1の財産がいってしまいますし、仮にご両親がすでに他界されている場合でも、被相続人に兄弟姉妹がいれば、兄弟姉妹にも4分の1の財産が与えられることになっています。

こういった事態を防ぐためには、何より遺言書が最も適切なのです。特に、兄弟姉妹も相続人になる場合、兄弟姉妹には遺留分《いりゅうぶん》P.45 P.60がありませんので、遺言書で配偶者に全財産与える旨を記載しておけば、その記載どおりの結果になります。

本ケースは、遺言書が最も効力を発揮する、代表的な例のひとつなのです。

ココは押さえドコロ

住宅ローン返済中でも、所有者が遺言者自身であることは変わらない

現在の居住宅がローン返済中だったとしても、その建物については遺言をしておくべきです。もし、住宅の時価を含めた総財産より住宅ローンの負債が上回っている場合には、相続放棄《そうぞくほうき》P.61をすることもできます。

また、預貯金などのプラス財産と住宅ローンなどのマイナス財産のどちらが多いのか分からないという場合には、限定承認《げんていしょうにん》P.60をしておきましょう。限定承認というのは、財産がプラスになる範囲で財産の承継を受けるというものです。

相続放棄、限定承認のいずれも、相続開始を知ったときから3ヶ月以内にしなければなりませんので、この点にはぜひ注意してください。

ケース4

法定相続人以外に遺産を残したい

直江正毅さんは妻に先立たれ一人暮らし。ご近所で一人暮らしをしている梶野さんとは、境遇も似ていることから、とても親しい友人関係にあります。そんなある日、今日もお茶を飲みにやってきた梶野さんとの会話の中で、ふいに、自分たちのこれからについての話題になりました。

直江さんの場合

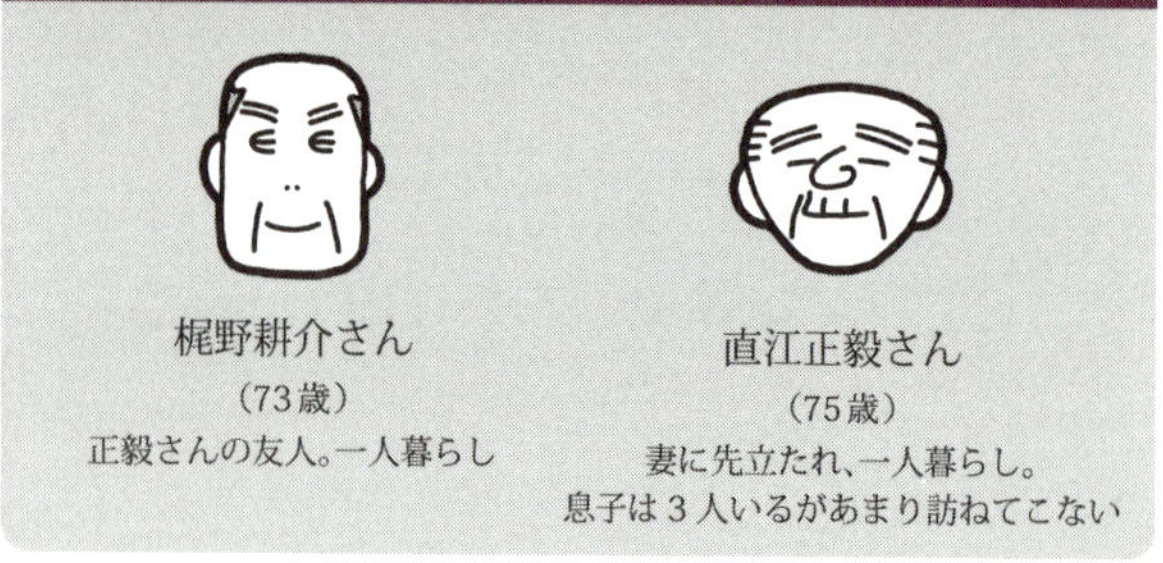

梶野耕介さん
（73歳）
正毅さんの友人。一人暮らし
直江正毅さん
（75歳）
妻に先立たれ、一人暮らし。
息子は３人いるがあまり訪ねてこない

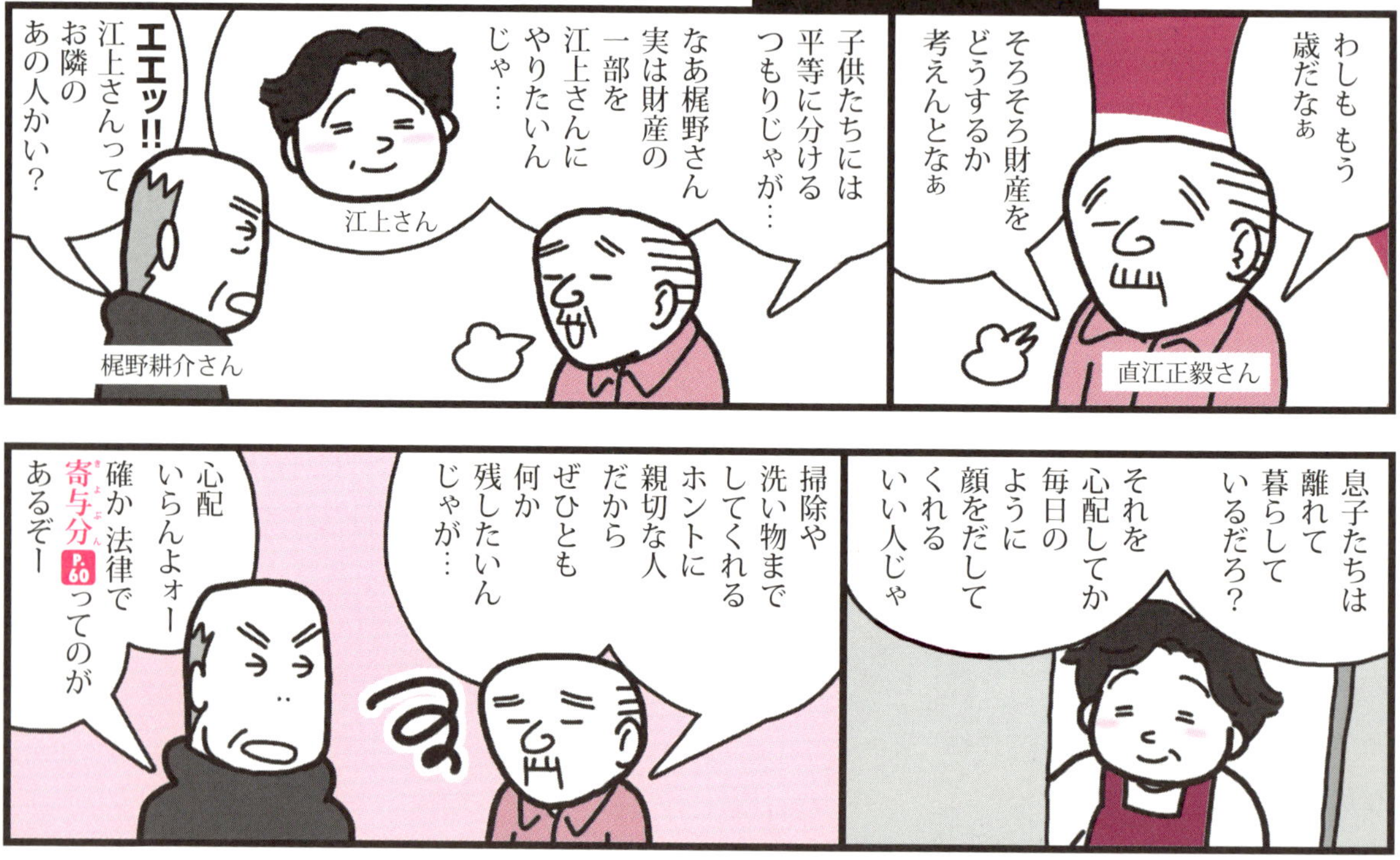

わしももう歳だなぁ
そろそろ財産をどうするか考えんとなぁ
直江正毅さん
子供たちには平等に分けるつもりじゃが…
なあ梶野さん実は財産の一部を江上さんにやりたいんじゃ…
江上さん
エエッ!!
江上さんってお隣のあの人かい？
梶野耕介さん
息子たちは離れて暮らしているだろ？
それを心配してか毎日のように顔をだしてくれるいい人じゃ
掃除や洗い物までしてくれるホントに親切な人だから
ぜひとも何か残したいんじゃが…
心配いらんよォー
確か法律で寄与分《きよぶん》P.60ってのがあるぞー

ケース４のポイント

- 正毅さんの妻はすでに他界
- 息子たちがいるが疎遠である
- 世話になっている隣人にも財産を残したい

正毅さんの遺言書

遺言書

作成についての詳細は48ページを参照

遺言者 直江正毅は、次の通り遺言する。

一、遺言者は、遺言者の有する以下の財産を、江上由佳里（一九六一年八月二日生）に遺贈する。

（一）土地

所在／長野県松本市双三川一丁目　地番／二番地五

地目／宅地　地積／100・83平方メートル

（二）建物

所在／長野県松本市双三川一丁目　地番／二番地五

種類／居宅　構造／木造瓦葺二階建て

床面積／一階 88・26平方メートル　二階 52・68平方メートル

二、遺言者は、遺言者の有する以下の財産を、長男 直江誠一、次男 直江誠二、三男 直江誠三に相続させる。

相続割合はそれぞれ三分の一ずつとする。

（一）遺言者名義の預貯金および債券

①フタミ銀行 松本支店（口座番号287456）

②吹田銀行 長野支店（口座番号783562）

※各相続人ごとに生年月日を記入する

三、遺言者は、前記一・二・に示した財産以外に、遺言者の有する財産があった場合、かかる財産のすべてを江上由佳里に遺贈する。

四、遺言者は、次の者を遺言執行者に指定する。

弁護士　沢野晃一

※住所・生年月日を記入する

ココは押さえドコロ

法定相続人以外には必ず「遺贈する」という書き方で

法定相続人以外の第三者は、あくまで相続人ではないので、「遺贈する」との文言にしな

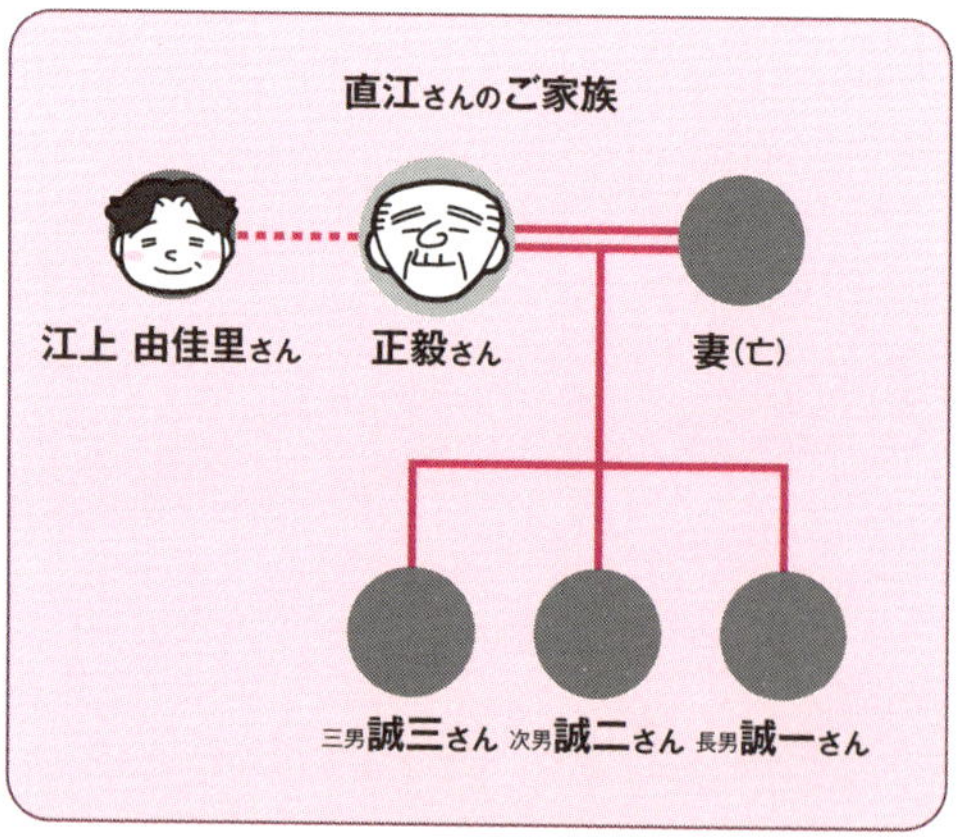
直江さんのご家族
江上 由佳里さん
正毅さん
妻（亡）
三男誠三さん
次男誠二さん
長男誠一さん

五．付言事項
江上由佳里さんには、本当に心の支えとなり、とても感謝している。
遺産のうち金融資産は等分に相続させるので、
どうか江上さんへの配慮を希望する。

平成三十年九月二十一日

住所　長野県松本市双三川一丁目二番地五

遺言者　直江　正毅

直江

【解説】

法定相続人《ほうていそうぞくにん》P.62以外の第三者に財産を与えたいという場合に、最も有効な手段は遺言書にほかなりません。核家族化が進行し、孤独な高齢者が増えている昨今、遠くに住む肉親よりも自分の毎日の生活の支えとなってくれた誰かに対し、感謝の気持ちを込めて何かを残したい、こんなケースは現実にも増えているのではないでしょうか？　このようなニーズを背景に、遺言は今後ますますその重要性を増してくるものと考えられます。そして、本ケースのような場合、またも**遺留分《いりゅうぶん》**P.45 P.60の問題が生じてくることを絶対に忘れてはいけません。**付言事項《ふげんじこう》**P.62に父である正毅さんが願いを託したとしても、いざ相続となった際、息子たちが江上さんに異議を申し立ててくる可能性は十分に予想されます。なぜなら、長男、次男、三男合わせて2分の1の遺留分が存在するからです。遺言者が、そういった事態をも考慮しながら、遺言書の作成にあたるとするならば、江上さんに**遺贈《いぞう》**P.60を希望する、正毅さん所有の土地、建物の評価額の算定をしておいたほうが、より大きなトラブルは回避できるかもしれません。

くてはなりません。

一方、長男、次男、三男に対しては、法定相続人ですから「相続させる」と書きましょう。仮に「遺贈する」という書き方であっても、法律上問題はありません。

指摘のない遺産については新たな手続きが必要に

被相続人《ひそうぞくにん》P.62の死後、もしも新たな財産が判明した場合、これについて誰に与えるべきなのか、何ら指摘がないと、せっかく遺言書を作成しておいても、また改めて**遺産分割《いさんぶんかつ》協議《きょうぎ》**P.60をしなければならないことになってしまいます。そのようなことのないよう、しっかりと全体をフォローしておく一文を記しておくとよいでしょう。

（上記の遺言書文例中『三』参照）

ケース

5 相続人がいない

（ケース4での）弁護士さんの的確なアドバイスに助けられ、早速遺言書を書くことにした直江さん。
あれやこれやと準備を進めようとしている友人の直江さんに、梶野耕介さんはどうやら別の相談がありそうです。

梶野さんの場合

直江正毅さん
（75歳）
耕介さんの友人。
妻に先立たれ、一人暮らし

梶野耕介さん
（73歳）
一人暮らし。
結婚しておらず、子供もいない

なあ 直江さん
実はわしも あんたと同じく 世話になって いる人が おるんじゃが！
梶野耕介さん
わかった!! 相続のこと じゃろ!?
よくわかって くれました!! そうなんじゃ よ――…
直江正毅さん
まあ聞いて くれ!! 2軒隣に 住む 8歳年下の ご婦人じゃ
タキさんは わし同様 相手を亡くした 独り身って ことで気が 合ったんじゃ
いつもニコニコ 料理上手の 裁縫上手!!
井上タキさん
一緒に公園に 行ったり 演劇に行く ようになって
週に一度は 家にきて 身の回りの ことをして くれるぐらい 仲良し なんじゃよ
うん うん

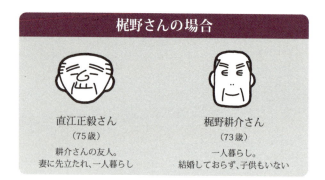

ケース５のポイント

- 耕介さんにもタキさんにも身寄りがない
- 特別縁故者にあたるかどうかを決めるのは家庭裁判所
- 遺言書を書かなければ、耕介さんの財産の全ては国庫へ

耕介さんの遺言書

遺言書

作成についての詳細は48ページを参照

遺言者 梶野耕介は、配偶者、子、親、祖父母、兄弟など
相続人となる者が一人もいないため、
遺言者の死後、すべての財産を次のように処分し、処理するよう遺言する。

一．遺言者は、長年友人として井上タキと
親しく付き合えたことを非常に感謝しており、
また日頃なにかと世話になったことに恩を感じていた。
よって遺言者の有する土地、建物、美術品の全部を換金処分し、
長野県松本市双三川八丁目四番地五号在住の
無職 井上タキ（一九五三年五月十七日生）に遺贈する。

二．遺言者は、次の者を遺言執行者に指定する。
弁護士 沢野 晃一
住所 長野県長野市扉町二丁目一番六号
生年月日 一九六四年二月一日

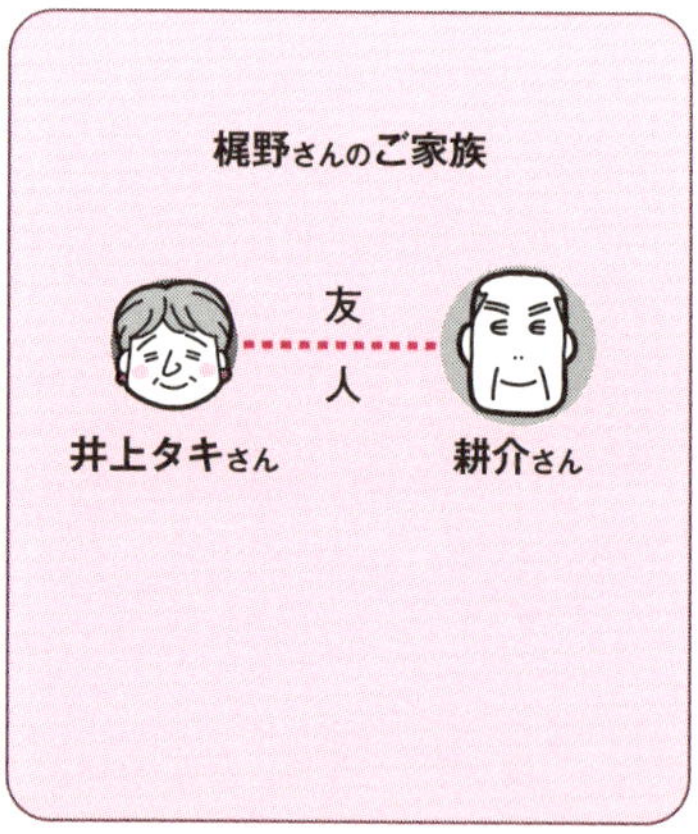
梶野さんのご家族
友人
井上タキさん
耕介さん

コラム

遺言もなく相続人もいないとどうなる？

遺産は国のものになりますが、もちろん放っておけばよいのではなく、それなりの手続きを行う必要があります。もとの財産所有者はすでに死亡していますから、被相続人の死後、遺産を管理する人が誰もいない状態になっています。その場合、通常は利害関係人など（被相続人の債権者や特別縁故者など）の申立てにより、家庭裁判所は管理人にあたる人間＝相続財産管理人を選びます。

この相続財産管理人は、忘れられていた相続人や債権者などを調査確

平成三十年九月二十三日

住所　長野県松本市双三川八丁目四番地三

遺言者　梶野　耕介

梶野

【解説】

相続人がまったくいない場合、民法では「**被相続人《ひそうぞくにん》** P.62と生計を同じくしていた者、被相続人の療養看護に努めた者、その他被相続人と特別の縁故があった者」と、すなわち**特別縁故《とくべつえんこ》者《しゃ》** P.62に対して相続財産の全部または一部が与えられる場合がある旨を定めています。

もっとも、前述のように、特別縁故者にあたるかどうかは家庭裁判所が決めるものですし、もしその条件に見合う可能性があったとしても、その手続きはタキさんご自身が、裁判所に対し行わなくてはなりませんので、こうした一連の手続きに、タキさんが抵抗を感じてしまう場合も考えられます。

こうしたことを考慮すると、耕介さんの希望どおりにタキさんへの財産分与がなされるかどうかは、確実であるとはいえません。結果として、希望がかなわないことも十分にありえますから、やはりきちんと遺言書を作成しておくことをオススメします。

認する責任者という意味もあります。そして「被相続人に相続人がいない」ということを法的に成立させ、財産と負債などを清算、そして最終的に残った遺産が**国庫《こっこ》** P.61へ帰属します。この相続財産管理人には通常、弁護士が選ばれます。

ココは押さえドコロ

特別縁故者として認められる条件とは

身寄りのない被相続人と**内《ない》縁《えん》関係《かんけい》** P.62にあれば、必ず特別縁故者と認められるわけではありません。例えば過去には、内縁関係にあった者に配偶者が存在し、それが事実上のいわゆる**重婚《じゅうこん》** P.61関係を助長するものだとして、特別縁故者の地位を裁判所が否定したケースがありました。つまり、特別縁故者として認められるためには、お互いに戸籍上の夫や妻がいないことが条件になる場合もあるのです。

ケース6

外国人と結婚している

久美子さんは、外国人のやさしいご主人とかわいい娘2人に囲まれ、幸せな生活を送っていました。しかし最近、夫の事故がきっかけで、悩み事を抱えてしまいます。内容が内容だけに、一体誰に相談してよいか分かりません。ある日意を決し、友人である雅子さんに悩みを聞いてもらうことにしました。

フミータさんご家族の場合

山口雅子さん
（38歳／専業主婦）
久美子さんの友人。

久美子・フミータさん
（38歳／専業主婦）
2人の娘がいる

ケース６のポイント

- 外国人の夫には、相続に関して日本の民法は適用されない
- 夫ジョージさんの国籍がある国の法律が、遺言・相続に適用される
- 国ごとに法律は異なるので、内容の事前確認が必要

ジョージさんの遺言書

遺言書

作成についての詳細は48ページを参照

遺言者 ジョージ・フミータは、次の通り遺言する。

一．遺言者は、遺言者の有する以下の財産を、
遺言者の妻 久美子・フミータ（１９８０年10月28日生）に相続させる。
（一）遺言者名義のマンションの一室（敷地権を含む）
所在／東京都目黒区見田二丁目十六番地二号
建物名称／イクスコア見田　種類／共有住宅　占有部分／４１２号
構造／鉄筋コンクリート造　床面積／８５・７１平方メートル

二．遺言者は、遺言者名義の預貯金および債券の全部を含む以下の財産を
遺言者の長女 奈央子・フミータ（２０１３年９月18日生）
次女 晶子・フミータ（２０１７年６月６日生）に相続させる。
相続割合は、長女、次女それぞれ二分の一ずつとする。
①フタミ銀行 本店（口座番号７０２３７１）
②ＭＩＴＡ銀行 目黒支店（口座番号１６２８３４）
③双海郵便局 見田支店（口座番号２４１６２２）

三．遺言者は、一及び二に示した財産以外に、遺言者の有する財産があった場合、
かかる財産のすべてを遺言者の妻 久美子・フミータに相続させる。

コラム 捺印は日本特有のもの!?

第三者の手を借りて作成する「公《こう》正《せい》証《しょう》書《しょ》遺《ゆい》言《ごん》」P.58を日本人が作成する場合には、「印鑑《いんかん》証明《しょうめい》」P.60と「実印」が必要になってきます。しかし、遺言者が外国人（在日外国人）の場合、在留カードや本国政府発行の旅券などでもよいとされているのです。いわゆる捺印は日本特有のものなのかもしれません。

なお、この公正証書遺言を作成す

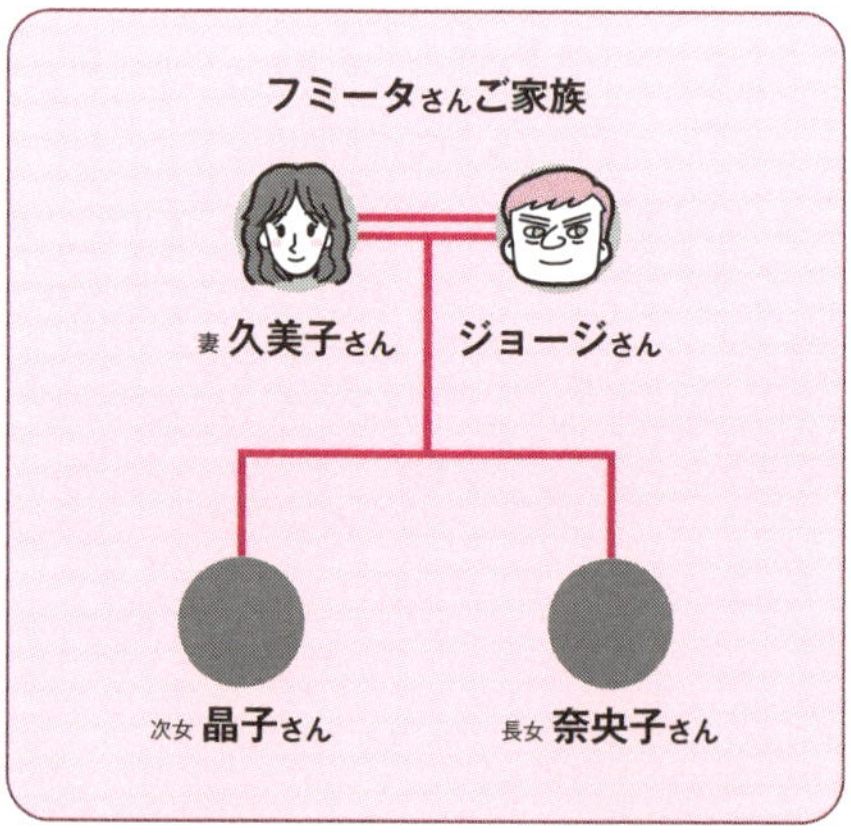
フミータさんご家族
妻 久美子さん
ジョージさん
次女 晶子さん
長女 奈央子さん

四．遺言者は、次の者を遺言執行者に指定する。
弁護士　上野 晃
住所　東京都世田谷区喜多上三丁目四番地五号
生年月日　1971年12月10日

平成30年10月28日

住所　東京都目黒区見田2－16－2

遺言者　ジョージ・フミータ

※自筆の署名と拇印でも可

【解　説】

外国人も、日本の法律に従って日本で遺言書を作成することが可能です。その場合、言語は日本語でも外国語（本国語）でもかまいません。

ただし、遺産相続に関しては、日本の民法ではなく、先ほどのやりとりでも出てきたように「法《ほう》の適用《てきよう》に関《かん》する通則法《つうそくほう》」P.62の36条に従い、被相続人《ひそうぞくにん》P.62の国の法律によることとなります。ですから、夫や妻が外国人の場合、まずはぜひ一度、国籍をもつ国の法律ではどのように相続関係が規定されているのかをチェックしてみてください。その法律によっては、相続に決定的な影響を及ぼすこともありえますし、振り出しに戻って日本民法が適用されることもあるからです。

る場合は、外国語（本国語）ではなく日本語で作成しなければならない決まりがあります。つまり、「公正」なかたちで日本式に従わなければならないのですね。

ココは押さえドコロ

相続も国によって考え方が違う

動産《どうさん》P.61（現金、預金、株など）・不動産を問わず、全てが被相続人に関係の深い国の法律による、とする国もあれば、動産と不動産を区別して考え、動産は被相続人の本国法により、不動産はそれが所在する国の法律によるという考え方の国もあります。

後者の場合、もし不動産を複数の国に所有している場合は、それぞれの国の法律をひとつひとつ調べなくてはならない必要がでてきてしまいますので、覚えておきましょう。

ケース

7 夫婦が内縁関係である

武司さんと千佳子さんは長年一緒に暮らしていますが、姓を変えるのが嫌だったという理由もあって、事実婚《じじつこん》P.61を選択し、入籍をしていません。

私たちはこの先も入籍を考えていません。でも、もし彼に何かあった時、事実婚である私の立場はどうなるのかしら？

平田さん・阪本さんの場合

平田武司さん：45 歳
阪本千佳子さん：39 歳

【解　説】入籍していないことは、普段あまり意識しなくても、もし相手が亡くなってしまった時、自分の立場の弱さを実感させられるものです。このケースの場合、２人の事情はどうであれ、法律上は「夫婦」ではなく、「内縁関係《ないえんかんけい》」P.62と同じことになり、千佳子さんは法定相続人《ほうていそうぞくにん》P.40 P.62には含まれません。

例えば、被相続人《ひそうぞくにん》P.62である武司さんのご両親が健在であればご両親に、また、すでに他界されているなら兄弟姉妹にすべての相続財産がいってしまいます。どんなに長年生活を共にしていたとしても、財産を全くもらえないということも珍しくないのです。もし、親兄弟といった法定相続人がいない場合には、千佳子さんが特別縁故者《とくべつえんこしゃ》P.62になる可能性もありますが、確実ではありません。

ですから、今後も２人の入籍が難しいようなら、愛するパートナーの生活を守ってあげるためにも、「遺言書」という手段はとても有効なものなのです。

遺言書

作成についての詳細は48ページを参照

遺言者 平田武司は、次の通り遺言する。

一、遺言者は、遺言者の有する財産の全部を、
阪本千佳子（一九七九年十月三十日生）に遺贈する。

二、遺言者は、次の者を遺言執行者に指定する。
弁護士　上野 晃
住所　東京都世田谷区喜多上三丁目四番地五号
生年月日　一九七一年十二月十日

三、付言事項
阪本千佳子とは、籍を入れていないものの、
長年に渡って夫婦同然の生活を送ってきました。
自分にもしものことがあった場合、
彼女がこれからも幸せに暮らしていけるよう、
私の持つ全ての財産を残します。
父さん、母さんも私の願いを尊重のうえ、
彼女のこれからを支えてやってくれれば嬉しいです。

平成三十年十一月二十三日
住所 東京都千代田区双海3-3-1
遺言者 平田武司 （平田）

ケース

8 息子の嫁にも財産を残したい

正行さんは妻の他界後、長男家族と同居。長女・恵利子さんはすでに嫁ぎ、高齢の正行さんの介護全般は、長男の嫁・麻由さんが献身的に行ってくれていました。

麻由さんは長年親身になって面倒をみてくれた。ワシは、息子や娘の恵利子よりも、麻由さんに全ての財産を譲ってあげたいのじゃが、遺言書さえつくっておけば可能じゃろうか？

米津さんの場合

米津正行さん（父）：78歳
〃 俊彦さん（長男）：53歳
〃 麻由さん（長男嫁）：50歳

【解　説】 息子のお嫁さんにも財産を残してあげたいというケース、意外に多いんです。日常の世話などを親身にしてもらっているうちに、実の子供以上に愛情を持ってしまうものなんでしょう。

でも、息子のお嫁さんは法定相続人ではないので、何かしらの手段を講じていなければ、当然、何の相続財産も与えることができません。だから、遺言書が効果的であるのは確かなんですが……。ここで注意しなければいけないのは、**遺留分**《いりゅうぶん》 P.45 P.60。他に相続人がいる以上は、「**遺留分**《いりゅうぶん》**の放棄**《ほうき》」P.60 をしてもらうか、**遺留分侵害額**《いりゅうぶんしんがいがく》**の請求**《せいきゅう》**権**《けん》 P.60 が時効で消滅でもしない限り、全額を麻由さんに譲るのは残念ながら無理なのです。

でも、例えば遺留分を出来る限り少なく抑えたいと考えるのなら、**養子縁組**《ようしえんぐみ》 P.62 を締結してから遺言をする、という方法もあるので、これを検討してみるといいかもしれませんね。

遺言書

作成についての詳細は48ページを参照

遺言者 米津正行は、次の通り遺言する。

一、遺言者は、遺言者の有する以下の土地・建物を、
長男の妻 米津麻由（一九六八年十二月二十三日生）に遺贈する。
□□□□□□□□□□□□□□□
※土地、建物に関する詳細を記入

二、遺言者は、遺言者の有する以下の財産について、
長男 米津俊彦（一九六五年九月十八日生）、
長女 星野恵利子（一九七〇年六月九日生）の
遺留分を侵害しない範囲で、全て長男の妻 米津麻由に遺贈する。
また、長男、長女に対しては遺留分に限り相続させるものとする。
（一）遺言者名義の預貯金
フタミ銀行 ニュータウン支店（口座番号7023７1）

三、遺言者は一及び二に示した財産以外に
遺言者の有する財産があった場合、
かかる財産のすべてを長男の妻 米津麻由に遺贈する。

四、遺言者は、次の者を遺言執行者に指定する。
弁護士　武田 晋三
※住所・生年月日を記入する

平成三十年八月二十九日
住所 東京都千代田区双海3-2-2
遺言者 米津 正行 （米津）

ケース

9 子供に事業を継いでもらいたい

清二さんは個人企業の代表取締役社長。長男は同社の専務、次男は他企業へ就職、長女は結婚して海外にいます。

会社をずっと支えてくれた長男の徹也に全てを譲り、後継者として、これからも我が社を発展させていってほしいと考えています。長男以外の2人の子供にも、この相続内容を納得してほしいのですが、いい方法はあるでしょうか?

本橋さんご家族の場合

本橋清二さん(父):65 歳
〃 徹也さん(長男):38 歳
〃 明彦さん(次男):35 歳
鈴木由佳さん(長女):31 歳

【解　説】 個人企業の場合、それが事業用資産であったとしても個人の財産とみなされ、そのすべてが「遺産」になります。ですから、お子さんたちへの**遺産分割**《いさんぶんかつ》 P.60 の方法を間違えると、事業用資産が分散し、結果的に事業継続が困難になるケースもあるのです。遺言書は他の相続人であるご兄妹の**遺留分**《いりゅうぶん》 P.45 P.60 を侵害しない範囲で、長男に家業を継がせることを明記する必要があります。

事業の承継に必要な財産については、遺言書の書面上に個別で具体的に特定しておくことがとても大切です。例えば「遺言者は、遺言者が行っていた本橋商事の事業に関する一切の資産を長男本橋徹也に相続させる」などといった抽象的な文言では、相続対象となるすべての財産が、遺留分対象になってしまうからです。

また、他のご兄弟の理解を得るためにも、遺言書の中の**付言事項**《ふげんじこう》 P.62 で遺産の分配理由や趣旨などを明らかにしておくと、事業を継続していってもらいたい、という意図を理解してもらえますし、**相続分**《そうぞくぶん》 P.62 が少ないことについても理解が得られると思います。

遺言書

作成についての詳細は48ページを参照

遺言者 本橋清二は、次の通り遺言する。

一．遺言者は、遺言者の有する以下の土地・建物を、長男 本橋徹也(一九八〇年四月十一日生)に相続させる。
□□□□□□□□□□□□
※土地、建物に関する詳細を記入

二．遺言者は、フタミ銀行における遺言者の有する預金、債券のすべてを長男 本橋徹也に相続させる。

三．遺言者は、遺言者の有する以下の金融資産について、次男 本橋明彦、長女 鈴木由佳に相続させる。
その割合はそれぞれ二分の一ずつとする。
※各相続人ごとに生年月日を記入
□□□□□□□□□□□
※銀行名、口座番号など詳細を記入

四．遺言者は一及び二、三に示した以外に遺言者の有する財産があった場合、かかる財産のすべてを長男 本橋徹也に相続させる。

五．遺言者は、次の者を遺言執行者に指定する。
弁護士　武田 晋三
※住所・生年月日を記入する

六．付言事項
遺言者は、現在代表取締役社長を務める本橋商事の経営について、後継者として長男 本橋徹也を指名する。長男にはこれからも社の発展に尽力してくれることを願い、右記のような遺産配分としたことを皆に了承してもらえることを切に望む。

平成三十年十一月二十四日

住所 東京都千代田区双海2-2-2

遺言者 本橋清二 (本橋)

ケース
10 介護が必要な家族がいる

小林さん夫婦には子供がいません。病弱で年の離れた妻・由美子さんと明さんの2人は、共に支えあいながら、仲むつまじくこれまでの人生を歩んできました。

妻は体が弱く、私がずっと世話してきました。この先、私にもしものことがあったら、誰が妻の面倒をみてくれるのかとても気がかりです。妻が生活を心配しないで暮らしていけるお金は残せるのですが、遺言書でどうにかできないでしょうか？

小林さんご夫婦の場合

小林明さん(夫)：77歳
〃 由美子さん(妻)：65歳

【解　説】 介護が必要なご家族がいる場合、その方に多くの財産を残しておきたいと考えるはずです。しかし、要介護者である由美子さんに財産を残してあげても、面倒をみてくれる人がいなければ、意味がありません。そこで、面倒をみてくれる人に財産を残して、由美子さんのためにその財産を使ってもらうことが良いと思います。

しかし、実際にその人がきちんと面倒をみてくれるのか、口約束だけでは不安が残りますよね。そこで、財産を与える代わりに面倒をみるという条件を付ける、いわゆる**負担付遺贈**《ふたんつきいぞう》P.62というかたちにするのが良いでしょう。この遺贈を受けた人は、その条件に従う義務を負うことになります。もちろん、この負担というのは、明さんが**遺贈**《いぞう》P.60した内容の価格を超えない範囲のものです。具体的にどのような面倒をみるのか、といった点などについては、由美子さんと受遺者との間で、事前に十分な話し合いを行っておきましょう。

遺言書　作成についての詳細は48ページを参照

遺言者 小林明は、次の通り遺言する。

一．遺言者は、遺言者の有する以下の財産の全部を、
介護福祉士 黒島友子（一九六九年九月七日生）に遺贈する。

（一）遺言者名義のマンションの一室（敷地権を含む）
所在／東京都中央区双海川五丁目十五番地三号
建物名称／双海ハイツ
種類／共有住宅　　占有部分／２０５
構造／軽量鉄骨造　　床面積／９０・５６平方メートル

（二）遺言者名義の預貯金
フタミ銀行 銀座中央支店（口座番号２５７３１００）

二．一に示した財産の遺贈を受ける受遺者 黒島友子は、
遺贈を受ける負担として遺言者の妻 小林由美子の生存中、
同人に対し、必要な医療看護を行わなければならない。

三．遺言者は、次の者を遺言執行者に指定する。
弁護士　下田 浩司　※住所・生年月日を記入する

※最後に日付と住所と名前を書いて押印してください。

遺言書の基礎知識①

Basic knowledge of will and testament

遺言書について

■遺言書にはいくつかの種類がある

遺言書は、作成する状況やその方法によって、いくつかの種類があります。そのなかで一般的に利用される遺言書の多くは、

公正証書遺言（※P.58参照）

と

■自筆証書遺言の長所・短所について

かんたんに作成でき、手軽に書けるという長所があれば、短所もあります。自筆証書遺言の作成にあたって、まずは以下の長所・短所を踏まえておきましょう。

所

■いつでも自由に書くことができ、つくりやすい
■作成方法が比較的かんたん
■遺言の内容を誰にも知られない

この2種類です。

自筆証書遺言

自筆証書遺言とは遺言者本人が全文※を直接書き記して残す遺言書のことをいいます。

本書付属セットですぐに作成が可能

いつでも作成ができ、費用をかけず手軽に書けることから、多くの遺言書がこの方式で作成されています。ただし、法的に有効な書類にするためには、守らなければならない決まりごと（P.50以降参照）があります。

※財産目録は例外。詳しくはP.5を参照のこと。

長所

■訂正・内容の書き直しが手軽

■費用がほとんどかからない

短所

■形式や内容の不備により、法的に無効になる可能性がある

■偽造・紛失・盗難の恐れなどがある

■保管場所の問題で発見されない場合がある

■開封時、家庭裁判所の検認《けんにん》P.60手続きが必要

ただし、これらの問題を解消する遺言書保管法が施行される予定です（P.5参照）。

遺言書の基礎知識②

Basic knowledge of will and testament

法定相続人について

■あなたの法定相続人にあたるのは？

相続人《そうぞくにん》になれる人はもともと法律で決められており、
その人を法定相続人《ほうていそうぞくにん》P.62（または相続人）といいます。
この法定相続人の範囲と順序も、同様に法で定められているのです。

●配偶者（妻もしくは夫）は常に法定相続人

被相続人《ひそうぞくにん》P.62の配偶者は、いつでも必ず法定相続人です。
ただし、婚姻関係のない場合は認められません。

配偶者以外の相続人は、次の順序のとおりに定められています。
なお、先の順位の相続人がいる場合に、
後ろの順位の人には相続する権利がありません。

❶第一順位　子供

すでに亡くなっている場合、その子(孫)がいれば代わって第一順位となります。

❷第二順位　(被相続人の)父母、祖父母

❶にあたる人が誰もいなければ、相続人となります。

両親ともにいない場合には祖父母が、相続人です。

しかし、両親のいずれかが健在の場合は、祖父母は相続することができません。

※養子縁組《ようしえんぐみ》P.62している養父母と実父母の区別はありませんので、どちらも相続する権利があります。

❸第三順位　(被相続人の)兄弟姉妹

前記の❶❷ともにいない場合には、兄弟姉妹が相続人になります。

すでに亡くなっている兄弟姉妹がいる場合には、その子供が相続することができます。

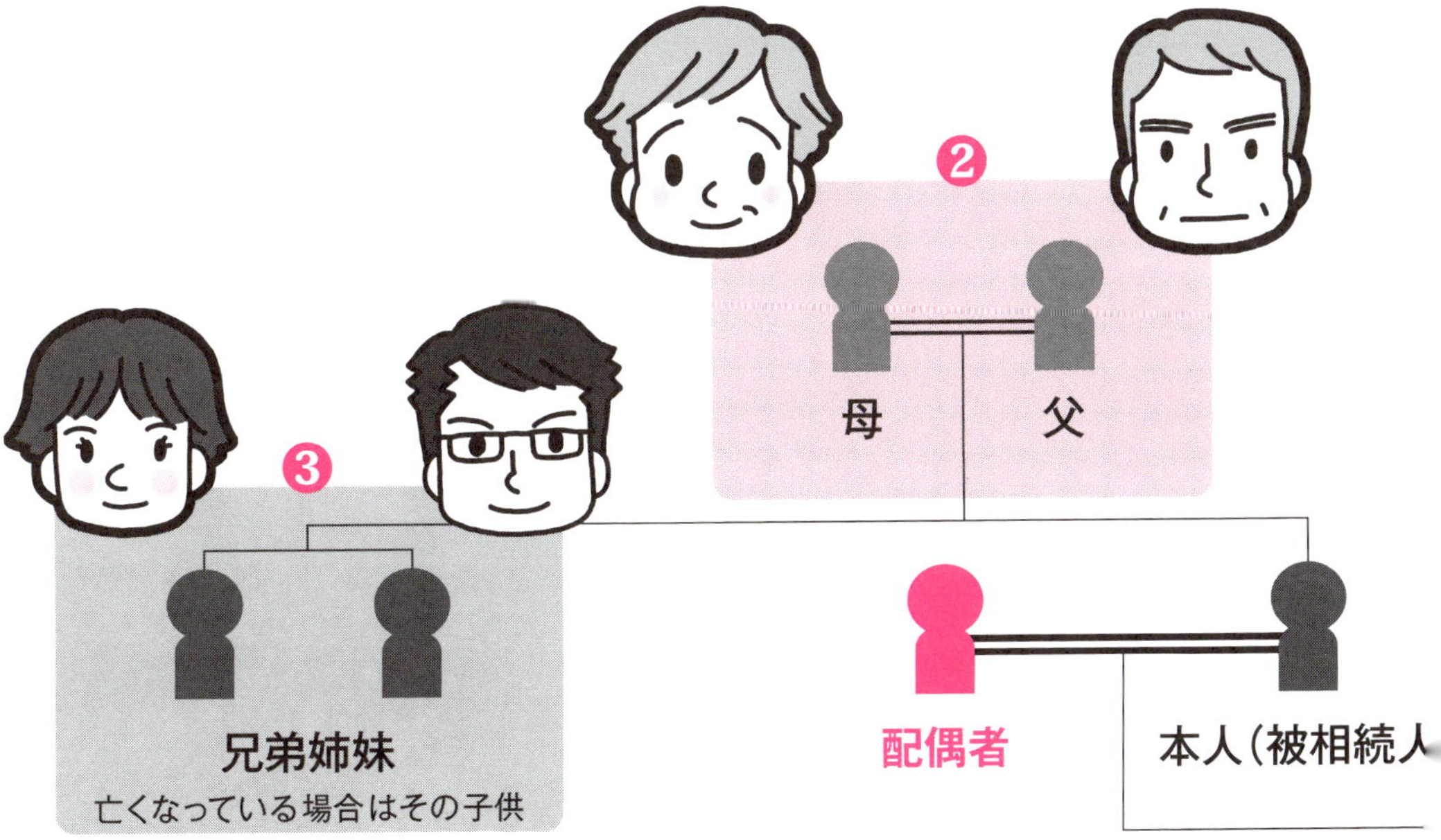

遺言書の基礎知識③

Basic knowledge of will and testament

遺言書でできること、できないこと

■遺言書でできることは？

基本的に遺言書には何を書いてもよいといわれていますが、法律上すべてが有効に実行されるわけではありません。まずは、遺言書でできること、できないことを確認し、自分が書きたいことを整理してみましょう。

できることには大きく分けて3つがあり、それぞれ次のような事柄が有効となります。

①相続に関すること

●相続分《そうぞくぶん》の指定

法律で決められている相続の割合を変更できます。

「次男には介護を受けたから、他の子供より多く遺産をあげたい」

●遺産分割方法《いさんぶんかつほうほう》の指定

不動産や有価証券、宝飾品など、何を誰に相続させるかの割り当てを決められます。

「長男に土地・建物、長女には銀行の預貯金、次女には株式・債券などを相続させたい」

●遺言執行者《ゆいごんしっこうしゃ》の指定

遺言を確実に実行するため、弁護士や配偶者などを遺言執行者P.62に指定できます。

●侵害額《しんがいがく》の負担方法《ふたんほうほう》の指定

遺留分P.45 P.60を侵害したとして支払いを要求された際、どの財産から支払いをするのか、その順番と割合を指定できます。

「子が遺留分相当として自宅を欲しがっても、自宅は妻に残したい」

●相続人《そうぞくにん》の廃除

生前、遺言者に暴力を振るったりなど、その人に財産をあげたくない場合、その人を相続から廃除できます。

「あいつにだけは、財産をあげたくない」

●祭祀承継者《さいししょうけいしゃ》の指定

単なる財産ではない祖先の墓地や仏壇など、これを継いでもらいたい人、（祭祀承継者 P.61）を指定できます

②財産の処分に関すること

●負担付遺贈《ふたんつきいぞう》

財産を与える代わりに、条件をつけ一定の義務を負わせること（負担付遺贈 P.62）ができます。

「自分の死後、妻の介護をしてほしい」

●寄付行為《きふこうい》

社会事業などに財産の一部を提供するなど、寄付することができます。

③身分《みぶん》 P.62 に関すること

●子供の認知《にんち》

認知 P.62 すれば、その子供は相続人の一員として権利が発生し、財産を相続させることができます。

●未成年後見人《みせいねんこうけんにん》、未成年後見監督人《みせいねんこうけんかんとくにん》の指定

未成年の子供の面倒や財産管理を任せる人間を指定でき、さらにそれがきちんと履行されているかどうかを監督する人間も指定が可能です。

「自分がもしもの時には、幼い息子の面倒を兄にお願いしたい」

■遺言書でできないこととは？

遺言は、遺言者からだけの行為でもあるため、主に人と人の関係における内容には、法的な力を持てません。

●結婚や離婚に関すること

これらは当事者たち両方の合意によって行うことなので、遺言書によって書き換えはできません。

「長男は○○家の長女と結婚し、家を継ぐこと」

●養子縁組《ようしえんぐみ》に関すること

養子縁組 P.62 の手続きや、その解消は生存中でなければできません。

遺言書の基礎知識④

Basic knowledge of will and testament

法定相続分について

■相続分はそれぞれどれくらい？

法定相続人《ほうていそうぞくにん》P.40 P.62が、相続する割合は法律で定められています。これを法定相続分《ほうていそうぞくぶん》P.62といいます。

●配偶者と①子供が相続人の場合

配偶者と子供がそれぞれ1/2ずつ相続します。子供が複数いる場合には、相続分である1/2を等分したものが、1人あたりの相続分となります。

●配偶者と②父母もしくは祖父母が相続人の場合

配偶者が2/3、父母もしくは祖父母が残りの1/3を相続します。父母もしくは祖父母の相続人が複数存在する場合には、相続分である1/3を等分します。

●配偶者と③兄弟姉妹が相続人の場合

配偶者が3/4、兄弟姉妹が残りの1/4を相続します。兄弟姉妹が複数いる場合には、相続分である1/4を等分します。

上記すべての場合において配偶者がいない場合には、それぞれの相続人が遺産のすべてを相続します。

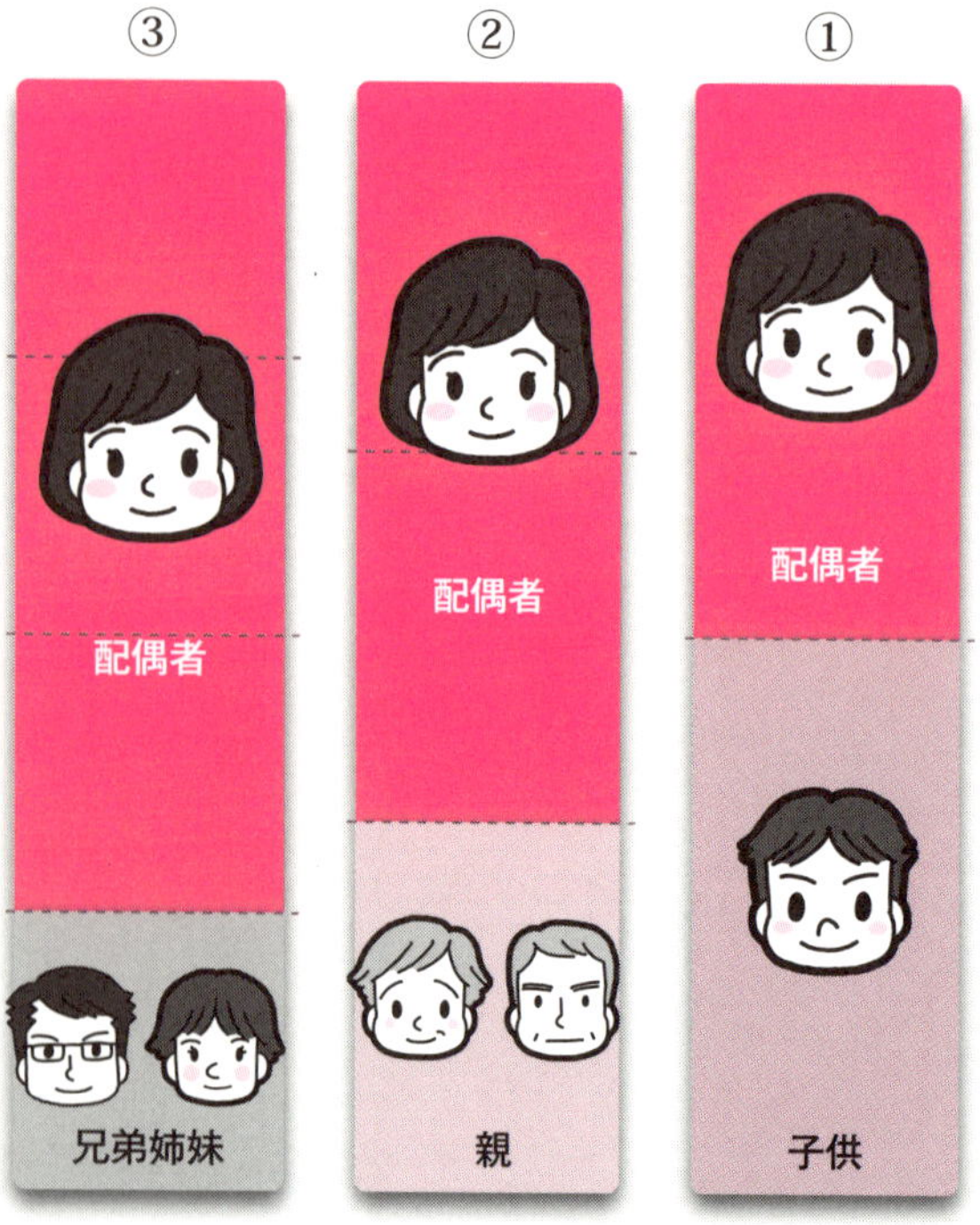

遺留分について

■遺留分《いりゅうぶん》P.60の意味とその割合

遺留分とは、相続人に認められた、相続財産の一定の割合のことをいいます。被相続人は遺言書を残すことで遺産を自由に処分できます。しかし、その自由を無制限に認めてしまうと、遺産を1人に全部相続させると遺言し、残りの相続人が遺産をもらえず不公平な結果になってしまったり、遺産を他人に全部あげてしまった場合、残された家族は生活ができなくなってしまったりすることもありえます。そのため法は遺留分を決め、その範囲で遺言の自由を制限しているのです。

しかし、すべての相続人に遺留分は認められておらず、41ページの相続順位①②までにのみ認められている権利となります。遺産の総額に対するそれぞれの遺留分の割合は下図のとおりです。

●もしも遺留分を侵害されたら

遺言書の記述により、遺留分を下回る財産の相続になっていても、その遺言書は無効になるわけではありません。侵害された遺留分を取り戻す請求＝「遺留分侵害額《いりゅうぶんしんがいがく》の請求《せいきゅう》」P.60をすることができるのです。

なお、侵害されていたとしても、その遺言内容を相続人が認めるのであれば、請求を起こす必要はありません。

配偶者のみ	子供のみ	父母のみ		兄弟姉妹のみ
配偶者	子供	母	父	兄弟姉妹
遺留分2分の1	同2分の1	同3分の1		なし

配偶者と子の場合		配偶者と父母の場合		配偶者と兄弟姉妹の場合	
配偶者	子供	配偶者	父母	配偶者	兄弟姉妹
同4分の1	同4分の1	同3分の1	同6分の1	同2分の1	なし

自筆証書遺言の作成から実行までの流れ

Flow from making to execution

1 作成

作成に関する注意点のおさらい

全文を自筆で書く（※財産目録は例外）
日付は年月日まで正確に
氏名は自筆で署名し押印を忘れない

自筆証書遺言完成

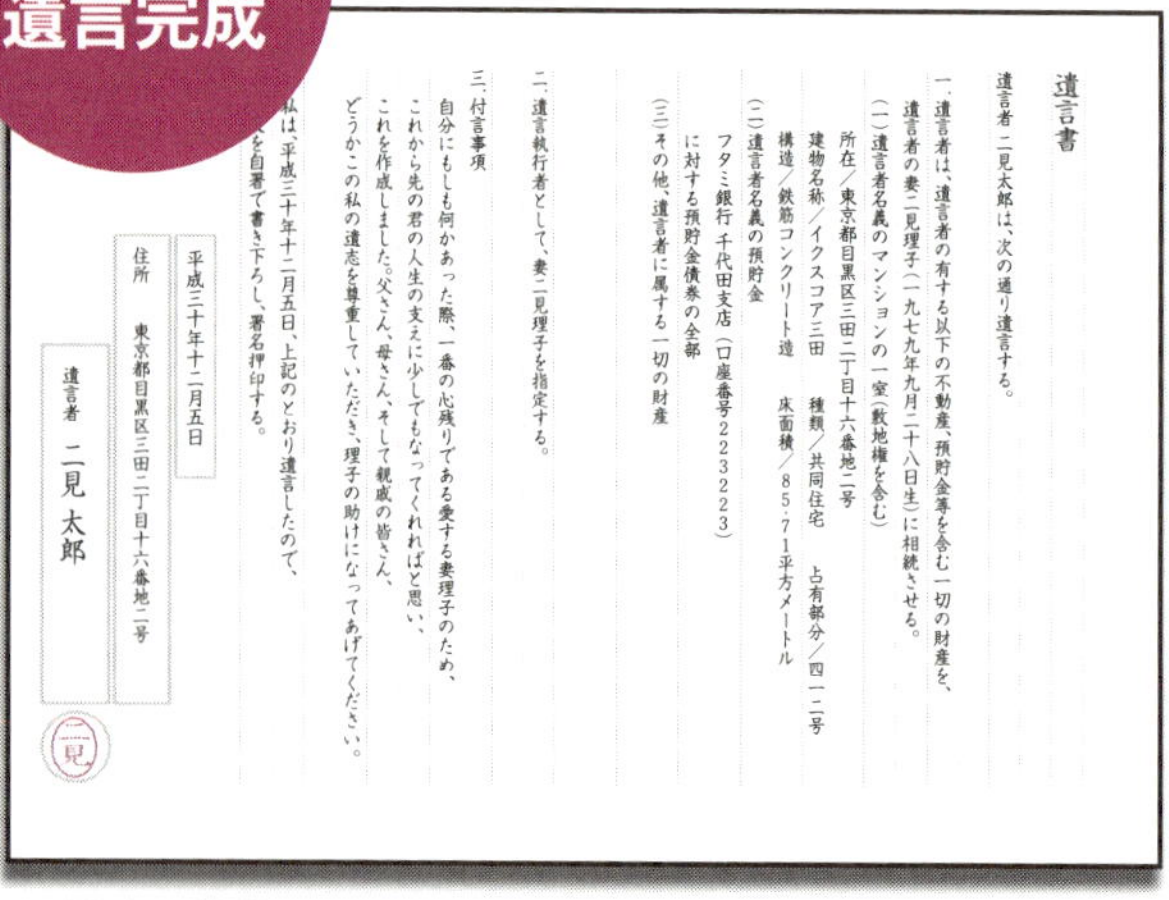

遺言書

遺言者 二見太郎は、次の通り遺言する。

一、遺言者は、遺言者の有する以下の不動産、預貯金等を含む一切の財産を、
遺言者の妻二見理子（一九七九年九月二十八日生）に相続させる。
（一）遺言者名義のマンションの一室（敷地権を含む）
所在／東京都目黒区三田二丁目十六番地二号
建物名称／イクスコア三田　種類／共同住宅　占有部分／四一二号
構造／鉄筋コンクリート造　床面積／85・71平方メートル
（二）遺言者名義の預貯金
フタミ銀行 千代田支店（口座番号2232223）
に対する預貯金債券の全部
（三）その他、遺言者に属する一切の財産

二、遺言執行者として、妻二見理子を指定する。

三、付言事項
自分にもしも何かあった際、一番の心残りである愛する妻理子のため、
これから先の君の人生の支えに少しでもなってくれればと思い、
これを作成しました。父さん、母さん、そして親戚の皆さん、
どうかこの私の遺志を尊重していただき、理子の助けになってあげてください。

私は、平成三十年十二月五日、上記のとおり遺言したので、
を自署で書き下ろし、署名押印する。

平成三十年十二月五日

住所　東京都目黒区三田二丁目十六番地二号

遺言者　二見 太郎

二見

※ 財産目録等についてはP. 5を参照のこと。

入

4

遺言書と手紙を封筒に入れて、開封口を閉じたうえで、その部分に遺言書に押したものと同じ印鑑を押して、封印しましょう

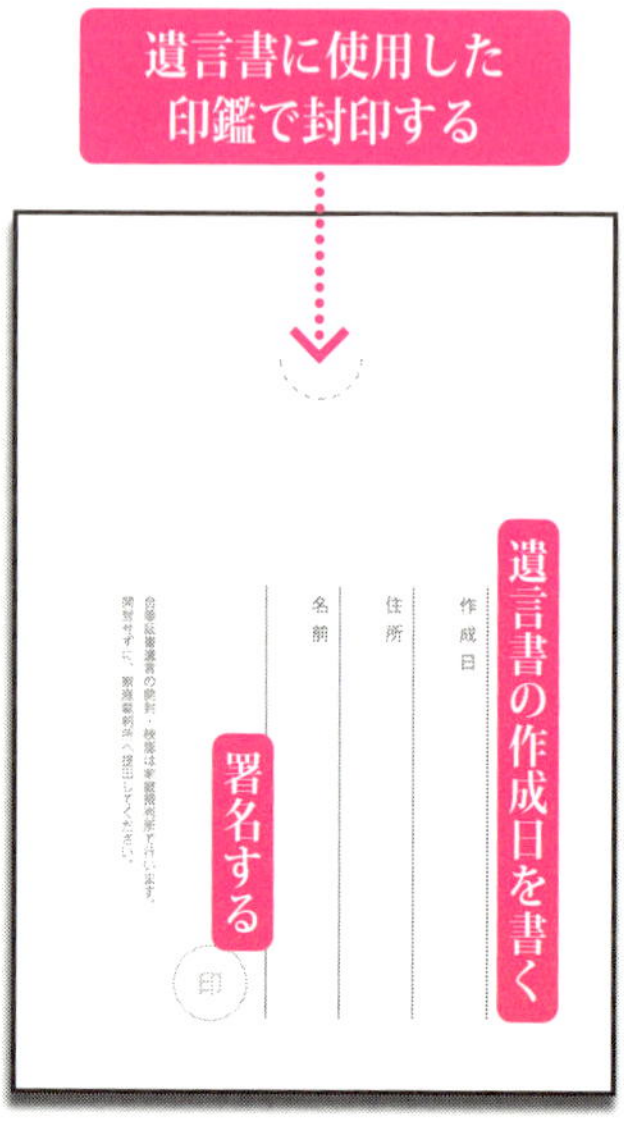

封印

5

大切な通帳などが閉まってある引き出しや金庫など、もしもの時に発見されやすい場所に保管しましょう

※ひとつの封筒に
2人分の遺言書を入れない
ようにしましょう

民法の改正により、遺言保管制度が施行される予定です。その場合の封印・保管・手続きについてはP.5を参照してください。

2 台紙セット

付録の手紙用紙を使用してメッセージ（P.53参照）も書いておきましょう

2

付属の保管用台紙に作成した遺言書をセットしてください

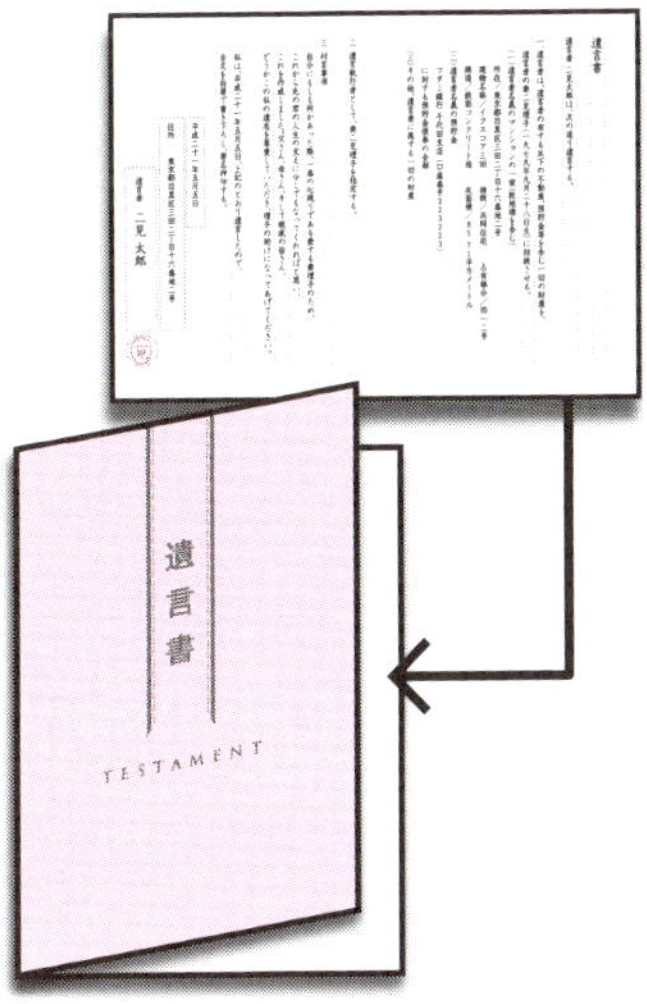

3

封筒に必要な項目を記入しましょう

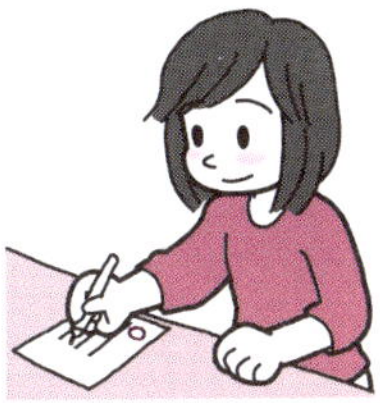

封

保管

また、遺言の内容に利害関係のない第三者（遺言執行者や弁護士など）に保管を依頼することもできます

いざ相続が発生

遺言書発見
遺言書は開封しないで家庭裁判所に**検認**《けんにん》 P.60 の申し立てをしてください

手続き

家庭裁判所での検認

遺言書の偽造・変造を防止するための手続き

遺言書内容の実行

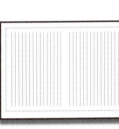

遺言書を書いてみましょう

Writing of
will and testament

まずは作成に必要なものを用意

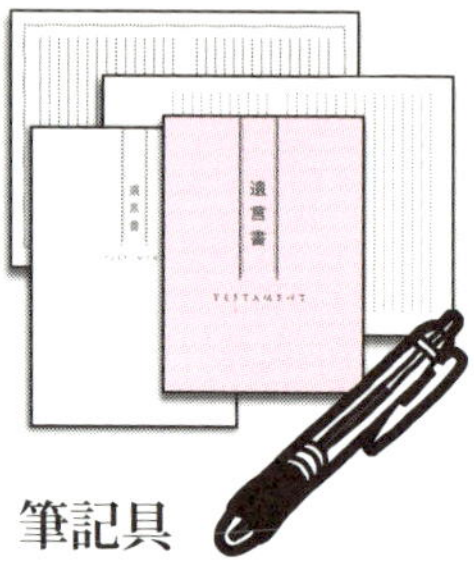

**本書付属
作成セット**

筆記具
ボールペンなど簡単に消せないもので書きましょう。鉛筆のような消えやすいものは避けてください。

**印鑑
朱肉**
本当に本人が書いたものかはっきりさせておくためにも、「実印」をおすすめします。

1 もう一度確認

あなたの法定相続人《ほうていそうぞくにん》 P.40 P.62 となる人や遺言の中身など、全体の内容をまとめておきましょう。

2 下書きしよう

左記の書き方見本内それぞれの箇所が示す注意事項、下の「絶対にこれだけは守る」欄に気をつけながら、付属の『遺言書下書き用紙』に下書きしてみてください。

3 いよいよ清書

下書きが完了したら、用意した筆記具で『遺言書用紙』に清書をしましょう。

セットの「遺言書用紙」は、コピーすると“複写”の文字が黒く浮きあがるので、偽造されずに安心です。

失敗してしまったら、無理な訂正はせず、新しく書き直すことをおすすめします。

⚠ 絶対にこれだけは守る

- **全文を自筆にする**（財産目録は例外）
- **作成の正確な日付を書く**
- **氏名を自筆で署名する**
- **印鑑を押印する**

これらのことを必ず守って書かないと、
せっかく作成した遺言が無効になってしまいます。
※それぞれの詳細についてはP.50～P.53を参照

※財産目録についてはP.5を参照のこと。

自筆証書遺言の見本（財産目録を添付する場合）

遺言書 ❶

全文自筆で書く ※財産目録は別

❶表題は遺言書または遺言状としましょう。
❷相続させたい人について書くときには、続柄・氏名・

遺言者 二見太郎は、次の通り遺言する。

一、遺言者は、遺言者の有する次の財産を、
遺言者の妻 二見文子（一九七〇年十二月九日生）②に相続させる③

④
（一）別紙登記事項証明書の土地建物
（二）別紙預貯金目録①に記載の預貯金

二、長男 二見文也（二〇〇二年七月十七日生）には、
以下の財産を相続させる。
（一）別紙預貯金目録②に記載の預貯金

三、その他、遺言者の有するすべての財産は、妻 二見文子に相続させる。⑤

四、遺言執行者として、妻 二見文子を指定する。⑥

五、付言事項 ⑦
自分に何かあったときのことを考えて、
愛する妻 文子、長男 文也のために、これを作成しました。
父さん、母さん、そして親戚の皆さん、
今後もどうか二人を見守ってやってください。

二〇一九年一月三十一日 ← **作成した正確な日付を書く**

住所 東京都目黒区三田二丁目十六番二号

遺言者 二見 太郎 ← **署名する**

（印：二見） ← **印鑑を押す**

生年月日などを入れて個人が特定できるようにします。相続人以外の場合には、その人の職業や住所も書いておくとよいでしょう。

③法定相続人に対しては「相続させる」、それ以外に対しては「遺贈《いぞう》 P.60 する」という言葉を使用します。「あげる」「譲る」といった文言は使用しないようにしましょう。

④2019年1月13日より、不動産や預貯金等の財産目録に限っては、自筆でなくても認められるようになりました。その場合、パソコンで作成した目録、登記事項証明書、銀行通帳のコピーなどを別紙として添付します（添付の仕方は52ページ参照）。パソコンで預貯金の目録を作るときは、銀行名、支店名、口座番号、口座名義人（金額）などを明記しましょう。また、登記事項証明書を添付せずに、遺言書に自筆で書きこむ場合は、登記事項証明書のとおりに記載するようにしましょう（住所とは異なります）。

⑤遺言書に書かれていない財産をどうするか記載しておくと、相続の際にスムーズです。

⑥遺言執行者《ゆいごんしっこうしゃ》 P.62 を指定する場合は、「誰か」を特定できるようにしておきましょう。可能であれば、守秘義務のある職業の人（弁護士など）が適任です。

⑦遺言者の遺志を表すために、付言事項としてメッセージを入れることも可能です。

自筆証書遺言の作成について①

Basic knowledge of will and testament

※財産目録についてはP.5を参照のこと。

必ず守らなければいけないこと

自筆証書遺言は最もかんたんに作成することができる遺言書ですが、法律上、次の条件を満たしていないと無効になってしまう場合がありますので、注意しましょう。

①全文を自筆にする（※財産目録は例外）

ワープロ・パソコンの入力によるものや、代筆、また第三者による口述筆記で作成したものは無効になる可能性があります。

また、録音テープやビデオテープの録画による遺言も認められていません。

②作成の正確な日付を書く

日付は西暦でも元号でもかまいませんが、日付が特定できるように書かなければなりません。

実際に、「○年○月吉日」と書いて、無効になった事例があります。

③氏名を自筆で署名する

遺言者を特定するために、苗字、名前ともにきちんと自筆で署名しましょう。

④印鑑を押印する

押印も自筆の署名と同様、遺言者の確認を行うために必要です。

使用する印鑑は認印や拇印でも構いませんが、より確実なものにするためにもできれば実印がよいでしょう。

①から④までの、どれかが欠けていても、遺言書は法的に無効なものになってしまいます。

また、「どの相続人が」「どの財産を」「どのように」「どれくらい」相続するか、といった**遺産分割**《いさんぶんかつ》P.60の内容についても、開封した際、その内容が明確に伝わるよう、細かく書いておくことも大切なことです。

書き間違いなど訂正をしたい場合

書き間違ってしまったり、書き直したいなどの場合には、次の方法にのっとり、その箇所に自筆で訂正しなくてはなりません。

①訂正部分を二重線で消す

線で消した後も元の文字が読めるようにしておきましょう。

②正しい（書き加えたい）文字をその脇に書く

③署名の際に使用した印鑑で、訂正箇所に押印

④遺言書の余白（訂正箇所の横など）に「どこをどのように訂正したか」を書き、署名する

●例「○行目、○字削除、○字加入」「○行目、○字目を○に変更する」

訂正箇所が多くなってしまった場合には、正確さを期すためにも、**できるかぎり新しく書き直しすることをおすすめします。**

〈遺言書の訂正例〉

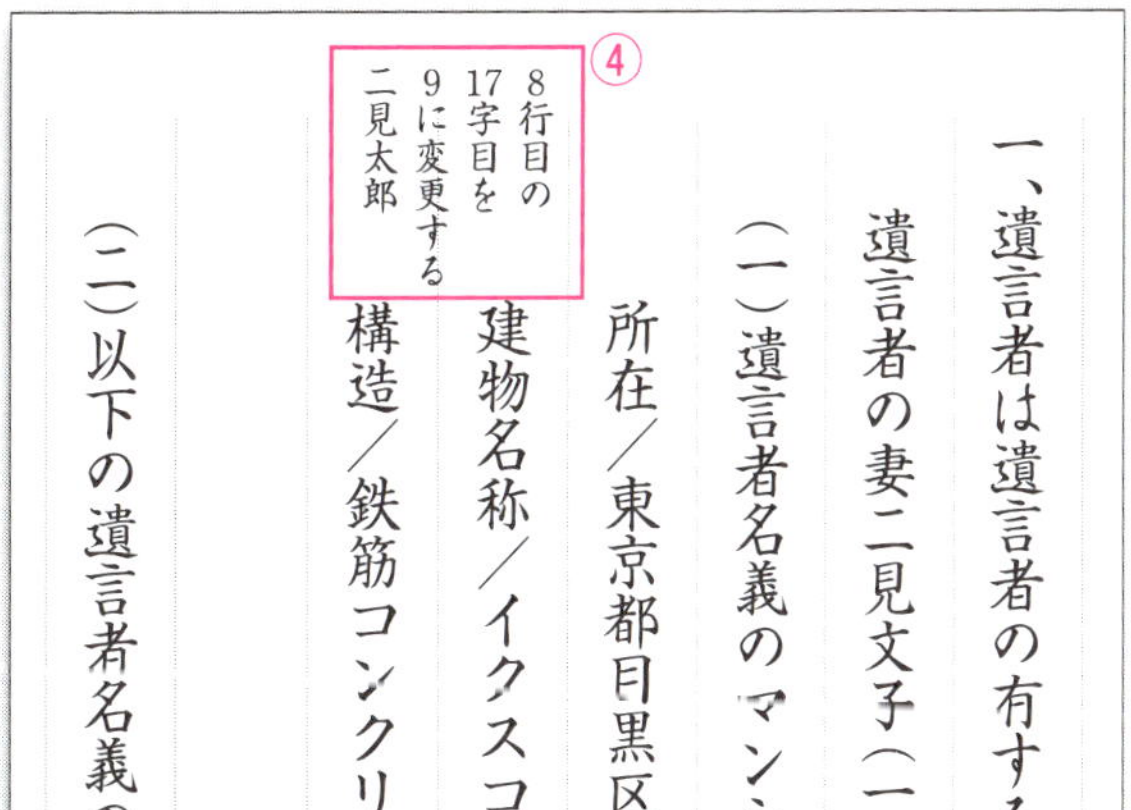

一、遺言者は遺言者の有する以下の不動産、預貯金等

遺言者の妻二見文子（一九七〇年二月九日生）に

（一）遺言者名義のマンションの一室（敷地権を

所在／東京都目黒区三田二丁目十六番地二号

建物名称／イクスコア三田　種類／共同住宅

構造／鉄筋コンクリート造　床面積／~~8~~ 9 5.

④ 8行目の17字目を9に変更する 二見太郎

① ② ③ 二見

（二）以下の遺言者名義の預貯金

自筆証書遺言の作成について②

財産目録の添付の仕方

財産目録を別紙として添付する場合には、以下のことに注意しましょう。

①すべてのページに必ず署名押印する

署名押印がないものは無効となりますので、くれぐれも注意しましょう。署名押印の位置は空いているスペースのどこでも構いません。

②2枚以上になる場合はホッチキスなどでとめる

バラバラにならないようにまとめておくとよいでしょう。

③遺言書本文と対応するように、番号などをふっておく

遺言書本文と照らし合わせてわかりやすいようにしておきましょう。

なお、②③については、実行しなくても法的に無効になることはありません。

登記事項証明書

ホッチキスなどでとめる

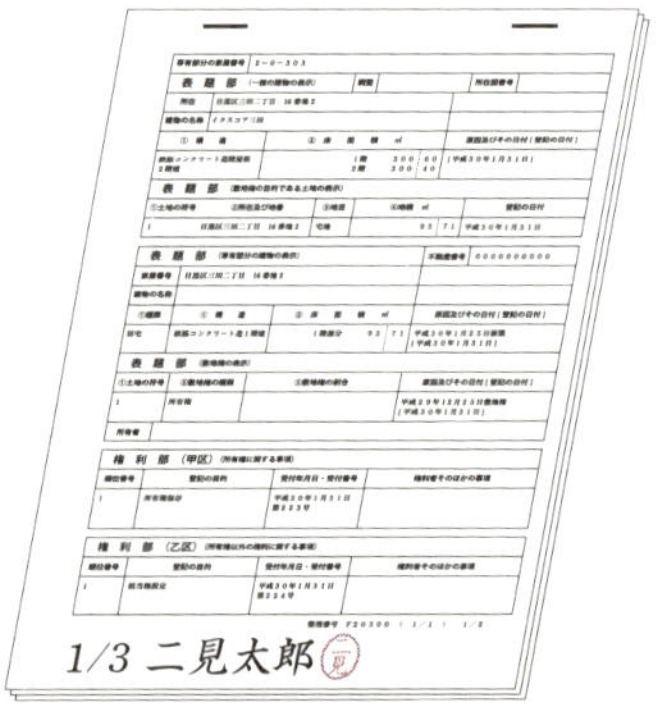

Basic knowledge of will and testament

※財産目録についてはP.5を参照のこと。

遺言書が2枚以上になる場合

遺言書や財産目録が2枚以上にわたる場合には、ひとつの文書であることを証明するために、各用紙の間に契印《けいいん》 P.60 を押しておくとよいでしょう。その際、日付については全ページ統一しておくことが大切です。

また、用紙の順番を分かりやすくするために、用紙の角にページ番号（1/2、2/2など）を書いておくとよいかもしれません。

なお、契印がない場合でも遺言書は法的に有効となります。

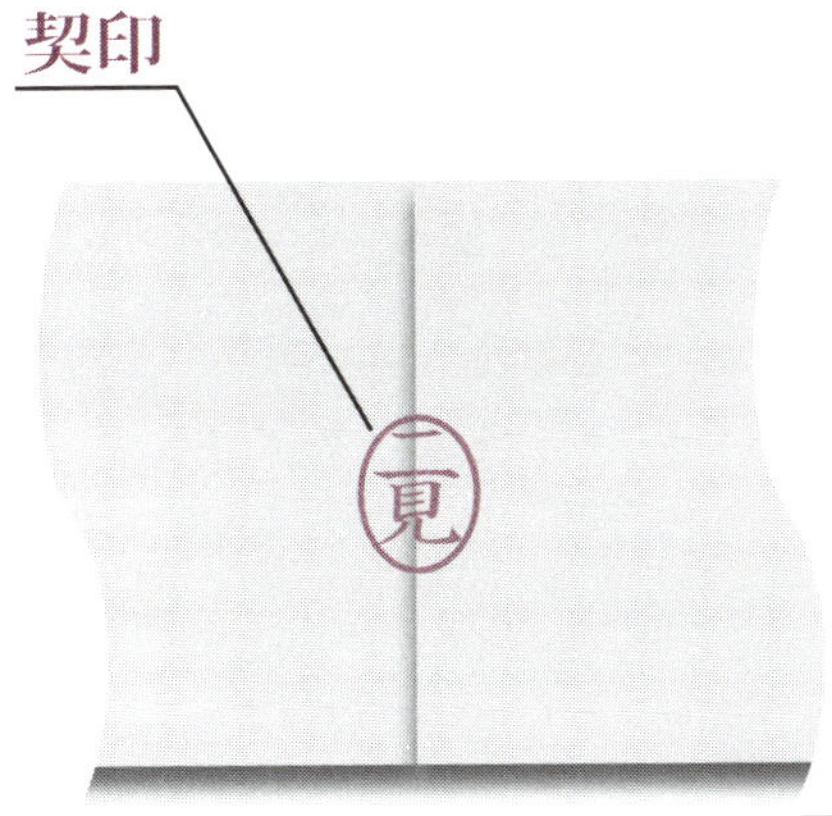

あなたの大切な人たちへ

想いを綴った手紙を遺してみませんか

遺言書とは別ですが、言葉にして伝えることのできなかったあなたの想いや、遺言書では法的効力をもたない葬儀の方法、お墓の希望などを、手紙として大切な方々へ遺してみてはいかがでしょう。

・夫や妻に伝えたい気持ち
・子どもたちに親として伝えたい思い
・お世話になった人たちへの感謝の言葉
・友人へのメッセージ
・葬儀に関する希望
・形見分けなどの願い
・お墓に関する希望
・飼っていたペットに対しての願い

……などなど、

本書付属の「手紙用紙」に、自由に書いてみてください。

自筆証書遺言の保管について

Basic knowledge of will and testament

遺言書を見つけたら

どんなに身近なご家族の方でも、被相続人自身が作成し、封がしてある遺言書を勝手に開けてはいけません。**勝手に開封してしまうと、罰として5万円以下の過料《かりょう》（金銭罰）**P.60**の処分を受けることがあります**ので、注意しましょう。

遺言書を発見したら、すぐに家庭裁判所で**検認《けんにん》**P.60を受けなければなりません。

遺言書の検認とは、

・**相続人に対し遺言書の存在及びその内容を知らせる**

・**遺言書の内容を明確にして、遺言書の偽造・変造を防止する**

手続きのことをいい、筆跡関係、印鑑の照合などを行い、遺言書の存在と内容を認定することなのです。

検認の済んでいない遺言書は、遺言書としての効力はありません。

ただ、検認を受けずに開封してしまったからといって、即無効になってしまうというわけではないのです。

遺言を封筒に入れて封印することは、法律で定められているわけではありません。しかし、内容の秘密を守り、変造を防ぐためにもそうした保管方法が望ましいとされています。

開封後であっても、家庭裁判所に検認依頼をし、検認ＯＫとなれば、その遺言書は有効なものとなるのです。

なお、遺言書保管制度施行後については、**P.5を参照してください。**

遺言書の保管方法

自筆証書遺言を作成したとしても、その保管方法については何ら法律で定められていません。

保管場所については、遺言書を残していることを誰にも伝えずに保管しておくと、最悪の場合発見されないこともありえます。したがって、遺言者が死亡した際、死亡の事実が必ず伝わる人で、かつ信頼できる人に預かってもらうと、確実に遺言書が発見されるでしょう。

封印を終えた封筒は、相続開始まで「自分自身で保管」しなければなりません。

ここでいう「自分自身で」とは、あくまで「自分自身の責任において」という意味です。ですから、信頼できる他人に預かってもらってもよいのです。しかし、自分自身の遺言書を、他人に預けるということはなかなか勇気のいることです。

とはいえ、自宅で保管していては家族に見つかり、中身を見られてしまう可能性もあるし、逆に絶対に自分しか分からない場所では、死亡した後見つけてもらうことができません。

実は意外とありがちなのが、遺言書の紛失。遺族が遺言書の存在を知らなかったために、死後何年も経ってから遺言書が出てきたというケースも実際にあるのです。

貸金庫に預けると、紛失してしまう恐れはありませんが、貸金庫の契約者である遺言者の死亡後に貸金庫を開けるため、面倒な手続きをしなければなりません。

遺言者自身が、預金通帳などがしまってあり、自分の死後必ず開かれるであろう発見しやすい場所に保管することもいいのですが、遺言執行者《ゆいごんしっこうしゃ》P.62など遺言の内容に利害関係のない第三者に保管を依頼するなど、保管場所には十分注意をする必要があるのです。

その点、施行される予定の遺言書保管制度を利用すれば法務局で預かってもらえるので、遺言書の紛失や隠匿等の心配はありませんし、相続人も遺言書の存在を法務局に確認できるので便利です。また、法務局で保管した場合は、家庭裁判所で相続人立ち合いのもと遺言書の内容を確認する「検認《けんにん》P.60」手続きが不要となるため、遺言の執行が速やかとなります。

遺言書Q&A

Q 成人しないと遺言書はつくれないのですか?

A つくれます。満15歳になれば、遺言することができます。

Q 無理やり遺言を書かされたのですが、有効になるんでしょうか?

A なりません。すぐに破棄するか、弁護士など法律の専門家に相談しましょう。遺言書は書いた人の真意による必要があります。よって、詐欺や無理強いにより書かされた遺言書は有効とはいえません。また、無理やり書かせた者が相続人《そうぞくにん》P.40 P.62であった場合、相続権《そうぞくけん》P.61を失うことになります。

Q 胎児は相続人になれますか?

A なれます。法律上では、胎児であってもすでに生まれているものとして扱います。ただし死産だった場合には、最初からいなかったものとして扱われます。

Q 夫婦一緒に、ひとつの遺言書に連名で署名押印し作成することはできますか?

A できません。ひとつの遺言書に複数人が連名することは、法律で認められていません。たとえ夫婦でほとんど同じような内容になるとしても、それぞれ一通ずつ作成し、別々に保管しなくてはいけません。

Q 遺言書に有効期間はありますか?

A ありません。後日、作成済みの遺言書を取り消す遺言書を作成するまで有効です。気持ちが変わったり、状況が変化した場合は、何度でも書き直すことができます。

Q 「遺書」と「遺言書」の違いをおしえてください。

A

「遺書」とは、家族や親しい人などに書き残す、ごく私的なメッセージです。つまりプライベートなものなので、遺産相続の場面においては、法律上役には立ちません。

「遺言書」は、日付や署名、押印など法律に定められた書き方の作成によって意味をなし、相続手続きを容易にできる証書なのです。

Q 遺言書が2通でてきました。どちらが正しいものなのでしょう？

A

遺言書を何回も書き直しているうちに何通もできてしまい、そのままにしておくと遺言者の死後、相続人を混乱させることになります。このような場合、法の規定では日付の新しい遺言が優先され、古い遺言は撤回したものとみなされます。

Q 前妻・前夫の子供（連れ子）は相続人になりますか？

A

なりません。しかし、養子縁組《ようしえんぐみ》 P.62 をしていると相続人となります。しっかり戸籍を調査し、確認してみましょう。

Q 法定相続分と異なる遺産分割協議は有効ですか？

A

法定相続分《ほうていそうぞくぶん》 P.44 P.62 と違う遺産分割協議《いさんぶんかつきょうぎ》 P.60 も、相続人全員が合意すれば有効です。ただし、遺産分割協議は相続人全員の合意が必要です。1人でも相続人を除いた遺《い》産分割《さんぶんかつ》 P.60 は、無効になります。

Q 相続人の中に行方不明者がいる場合はどうなるのでしょう？

A

行方不明だからといって、相続人から外すことはできません。まずは、行方不明者の生死と現住所を把握することが先決です。もし、行方不明者を外して遺産分割をしたとしても、法的に無効になりますので注意しましょう。

Q 地域に恩返しをしたいので、私の遺産の一部を自治会に寄付したいと思います。何か気をつけることはありますか？

A

団体によっては、このような寄付を受けていないこともあります。事前によく確認して、残された家族が困らないようにしてあげましょう。

確実に寄付をしたいなら、生前に自分で済ませておくのも、ひとつの方法です。

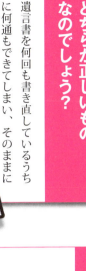

公正証書遺言について

Notarial deed will

公正証書遺言《こうせいしょうしょゆいごん》は、**公証人《こうしょうにん》** P.61 の面前で、**証人《しょうにん》** P.61 立会いのもとに遺言内容を口述したものを筆記してもらうので、もっとも効果が確実で、改ざんや紛失の心配も無用です。

公証人への手数料など、費用の面では負担になりますが、後日の争いを防ぐには、安全で確実な方法といえます。

遺言者は、自身が選んだ証人２人以上を立会人として、公証人の目の前で口述します。公証人は遺言者が口頭で述べた遺言の内容を正確に文章化し、遺言者と証人が確認した後、遺言者、証人、公証人で署名・押印すれば公正証書遺言が完成します。

公正証書遺言に向いているケース

多少出費をしても、効力の強い遺言を作成したいと考えている方で、次にあげるように相続財産が多い、もしくは相続で争う可能性がある場合などには、公正証書遺言の作成をおすすめします。

・法的に不備なく確実に遺言を実行したい場合
・不動産など高額な財産がある場合
・病気やケガなどで自筆証書遺言が作成できない場合
・第三者に財産を遺贈したい場合
・相続人の利益を損ねるような遺言を作成したい場合

公正証書遺言の長所・短所について

自筆証書遺言の短所となる部分をほとんどカバーしていますが、良い点ばかりではなく、費用面や時間に関しての短所もあることを押さえておきましょう。

公正証書遺言の作成手順

まずは**公証役場《こうしょうやくば》** P.61 へ出向いていかなければなりません。場所は全国どこの公証役場であってもかまいません。公正証書遺言の作成に必要な条件は法律で定められています。

①証人２人以上の立会いが必要

１．未成年者　２．**推定相続人《すいていそうぞくにん》** P.61、**受遺者《じゅいしゃ》** P.61 及びその配偶者並びに**直《ちょっ》系血族《けいけつぞく》** P.61、３．公証人と一定の関係にある人（配偶者、親族、書記、雇い人など）は証人にはなれません。また、証人の印鑑は認印でかまいません。なお、証人には知り合いなどになってもらう他に、弁護士などの専門家に依頼することも可能です。

②遺言者は証人立会いのもと、遺言の趣旨を公証人に口述

口述が不自由な方は、通訳や筆談によって伝えることも認められてい

◆長　所

- 作成を公証人が行なうので、法的に確実で安心
- 原本を公証人が保管するので、紛失や改ざんの恐れがない
- 家庭裁判所の検認が不要
- 読み書きがむずかしい状態でも、遺言することができる

◆短　所

- 作成手続きに手間がかかり、公証人の手数料などの費用もかかる
- 遺言の存在とその内容について、少なくとも公証人と証人には知られてしまう
- 証人の立会いが必要になる

公正証書遺言作成の手数料

公正証書遺言は、安全の代償として公証人に支払う手数料など、費用の面で割高になります。公証人の手数料は、遺言の対象となる相続財産の金額によって異なり、その手数料は次の通りとなっています。

相続財産の価額	公証人の手数料
～100万円まで	5,000円
～200万円まで	7,000円
～500万円まで	11,000円
～1,000万円まで	17,000円
～3,000万円まで	23,000円
～5,000万円まで	29,000円
～1億円まで	43,000円
～3億円まで	5,000万円ごと13,000円加算
～10億円まで	5,000万円ごと11,000円加算
10億円超	5,000万円ごと8,000円加算

遺言手数料
相続財産が1億円未満の場合、相続人の数にかかわらず11,000円

公証人の手数料は、相続人ごとにかかる金額です。このほか、用紙代数千円と、証人を依頼する場合には日当がかかります。

ます。

③公証人は、遺言者の口述を筆記し、これを遺言者と証人に対し読み聞かせる、または閲覧をさせる

④遺言者と証人が、筆記が正確なことを承認したうえで、各自がこれに署名押印

遺言者の印鑑は、実印である必要があります。また、印鑑証明《いんかんしょうめい》P.60も必要です。証人については、実印でなくても構いませんので、印鑑証明は必要ありません。ただし、証人になりえるかどうかを確認するために、住民票の写しなどが必要になる場合があります。

⑤公証人が、その証書は①から④までの方式に従ってつくったものである旨を記し、これに署名押印して完成

公正証書遺言の原本は公証役場で保存され、正本が遺言者に交付されることになります。

公正証書遺言作成に必要なもの

- 遺言者の印鑑証明書、実印、証人の住所・職業・氏名・生年月日を書いたメモまたは住民票
- 財産を残すのが遺言者の相続人の場合には、関係が分かる相続人の戸籍謄本。相続人以外へ贈与する場合は、その人の住民票
- 遺産の内容が土地・家屋である場合は、不動産の権利証または登記簿謄本、固定《こてい》資産税評価証明書《しさんぜいひょうかしょうめいしょ》P.61
- その他公証人から指示されたもの

所の許可が必要。ただし、相続開始後の放棄は自由で、裁判所の許可は必要ではない。

P.17 P.35

印鑑証明【いんかんしょうめい】

書類に押してある印影が、あらかじめ届けてある印鑑と同じであるという証明。押印した者が本人に間違いないことを確認するためのもの。

P.19 P.32 P.59

過料【かりょう】

国が、行政上の軽い禁を犯した者に対して金銭を徴収する罰のひとつ。

P.54

寄与分【きよぶん】

被相続人の財産の増加や維持への貢献、また長年に渡る病気の看護などを献身的に努めた相続人に対し、本来の相続分より多く相続することが認められている分のこと。

P.15 P.22

契印【けいいん】

2枚以上の書類が連続していることを証明するため、2つの用紙にまたがって押された印。割印ともいう。

P.53

限定承認【げんていしょうにん】

相続人が、相続によって得るプラスの財産（預貯金など）の範囲内で、被相続人のマイナスの財産（借金など）を負担する相続方法のひとつ。

P.21

検認【けんにん】

相続人に対し遺言の存在とその内容を知らせるとともに、遺言書の形状、加筆訂正の状態、日付、署名など、検認の日現在における遺言書の内容を明確にして、遺言書の偽造・変造を防止するための手続き。

P.5 P.39 P.47 P.54 P.55

遺産分割【いさんぶんかつ】

相続人が2人以上いる場合、遺産は相続開始と同時に相続分に応じて各人に帰属することになるが、これをすぐに相続人の間で分けることは実際には不可能なので、共有の形にしておき、後でそれぞれが何をとるかを具体的に決めること。

P.14 P.36 P.50 P.57

遺産分割協議【いさんぶんかつきょうぎ】

「相続財産をどのように分けるか」を、相続人全員で話し合って決めること。

P.11 P.13 P.17 P.19 P.25 P.57

遺贈【いぞう】

遺言により、遺言者の財産の全部または一部を与えることをいう。一般的に「相続」との言葉の使い分けとしては、法定相続人以外の者に財産を与える場合にこの表現を用いる。

P.25 P.37 P.49

遺留分【いりゅうぶん】

相続財産のうち、被相続人の意思 (遺言や遺贈など) によっても左右されない、一定の相続人に対する最低限相続ができる割合の権利。

P.4 P.11 P.13 P.17 P.21 P.23 P.25 P.35 P.36 P.42 P.45

遺留分侵害額の請求【いりゅうぶんしんがいがくのせいきゅう】

相続人が遺留分を侵害され、それを下回る相続しかできなかった場合、その分を取り戻すための請求ができる権利のこと。請求期限は、相続の開始を「知った」時から1年以内。また知らないままでも、相続開始から10年が経過してしまえば消滅となる。

P.13 P.35 P.45

遺留分の放棄【いりゅうぶんのほうき】

相続人が自分の持つ遺留分を放棄すること。相続発生前に放棄することができるが、家庭裁判

という。

P.58

重婚【じゅうこん】

すでに配偶者がいるのに、他の異性と結婚をすること。多くの国で禁止されており、日本でも民法において禁止されている。

P.29

証人【しょうにん】

ある事実・事柄について、それを証拠付ける人のことを指す。

P.58

推定相続人【すいていそうぞくにん】

現状のままで相続が開始されれば、直ちに相続人となるはずの人。

P.58

相続権【そうぞくけん】

遺産相続をすることのできる法律上の権利。

P.19 P.31 P.56

相続放棄【そうぞくほうき】

相続人が、遺産などに関する一切の権利などを、被相続人から受け継がないものとして、放棄すること。相続が開始されてから、この手続をすることができる（相続開始前の相続放棄は無効）。

P.21

直系血族【ちょっけいけつぞく】

曾祖父母、祖父母、父母、子、孫、曾孫というように、お互いに先祖と子孫の連なりにある者同士の関係をいう。

P.58

動産【どうさん】

不動産以外のものをいう。現金、商品、家財などのように形を変えず移転できる財産のこと。

P.33

公証人【こうしょうにん】

裁判官・検察官・法務局などを務めた人の中から選ばれ、法務大臣が任命する法律関係に詳しい公務員。

P.58

公証役場【こうしょうやくば】

公証人が日常執務を行う公務所。公証人は法務大臣の指定する地に役場を置かなければならない。

P.58

国庫【こっこ】

国家を財産権の主体としてとらえた場合の呼称。民法第九百五十九条には、『前条の規定（特別縁故者に対する相続財産の分与）により処分されなかった相続財産は、国庫に帰属する。』と記されている。

P.27 P.29

固定資産税評価証明書

【こていしさんぜいひょうかしょうめいしょ】

固定資産評価額が記載された書類。市区町村役場の窓口で取得することができる。

P.59

祭祀承継者【さいししょうけいしゃ】

祖先の祭祀に必要な用具などを一般の財産相続とは別に受け継いで、それを主宰する者のこと。

P.43

事実婚【しじつこん】

「結婚している」という意識を当事者はもっているが、婚姻の届出をしていないために、法律上は婚姻とされない共同生活をしている状態をいう。事実婚は内縁と同様に扱われる。

P.34

受遺者【じゅいしゃ】

遺言によって遺贈を受ける人のことをいう。受遺者は自分の意志によって遺贈を受けることも、放棄することも可能。
※逆に、遺贈する人のことは遺贈者〈いぞうしゃ〉

法定相続分（または相続分）

【ほうていそうぞくぶん（そうぞくぶん）】

相続が発生した時、相続人のうち誰がどれくらいの遺産をもらえるかを、法で定めた割合をいう。

P.13 P.14 P.36 P.44 P.57

法の適用に関する通則法

【ほうのてきようにかんするつうそくほう】

国際結婚や国際取引などにおけるトラブルが起こったとき、どの国の法律に準拠して判断すべきかを定めたもの。その「第六節 相続」において、次のように定められている。

・第三十六条（相続）
　相続は、被相続人の本国法による。
・第三十七条（遺言）
　遺言の成立及び効力は、その成立の当時における遺言者の本国法による。

P.31 P.33

身分【みぶん】

人の法律上の地位。夫や妻というような特定の地位をいう。

P.43

遺言執行者【ゆいごんしっこうしゃ】

「遺言内容を実現させるため、相続人の代理人として必要な手続きなどを行う権利や義務を与えられた人」のことを指す。
未成年者と破産者以外なら誰でも遺言執行者になれ、相続人や受遺者でも構わない。

P.12 P.42 P.49 P.55

養子縁組【ようしえんぐみ】

親子の血縁がない者との間に、親子関係と同じ関係を法律上成立させること。

P.35 P.41 P.43 P.57

特別縁故者【とくべつえんこしゃ】

本来相続人ではないが、被相続人と生計を同一にしていて生活関係が密接であったり、療養看護に努めたりしたなど、特別の縁故があったと家庭裁判所に認められた者のこと。

P.23 P.27 P.29 P.34

内縁関係【ないえんかんけい】

夫婦同様の所帯を持っていながら、入籍していないため法律上では夫婦と認められていない関係。

P.29 P.34

認知【にんち】

婚姻関係にない男女の間で生まれた子と父親の間に、法律上の親子関係を発生させること（母親と子は分娩の事実により親子関係が生じる）。

P.43

被相続人【ひそうぞくにん】

人が死亡すると相続が開始するが、その亡くなった人のことを“相続される人”という意味でこう呼ぶ。

P.4 P.17 P.21 P.25 P.29 P.31 P.33 P.34 P.40

付言事項【ふげんじこう】

遺言書の最後に書く、相続人たちに残す言葉。法的な効力は持たない。

P.25 P.36

負担付遺贈【ふたんつきいぞう】

遺贈者が受遺者に対して、財産を残す見返りに、受遺者に一定の義務を負担してもらう遺贈のこと。

P.37 P.43

法定相続人（または相続人）

【ほうていそうぞくにん（そうぞくにん）】

被相続人の死亡時に、法律によって定められた相続の権利がある人のこと。

P.4 P.13 P.25 P.34 P.40 P.44 P.48 P.56

遺言書や相続に関して
専門家に意見を聞きたい場合
どこへ問い合わせたらよいのでしょうか?

相談窓口など

日本弁護士連合会

各都道府県の弁護士会では法律相談センターを設置しています。
法律相談センターによって、相談時間や相談料の有無が異なっていますので、
事前に最寄りの弁護士会へ確認しておきましょう。

http://www.nichibenren.or.jp/
〒100-0013　東京都千代田区霞が関 1-1-3　弁護士会館 15 階
TEL : 03-3580-9841(代) ／ FAX : 03-3580-2866

日本司法書士会連合会

各都道府県に司法書士総合相談センターを設置しています。
詳細については、各地の司法書士相談センターにお問合せください。

http://www.shiho-shoshi.or.jp/
〒160-0003　東京都新宿区本塩町 4-37
TEL 03-3359-4171(代)

日本公証人連合会

全国に約 300 ヶ所ある公証役場では、
公正証書遺言（P.58 参照）の作成などを行ってくれます。
最寄の所在地などや詳細な内容については、お問合せください。

http://www.koshonin.gr.jp/
〒100-0013　東京都千代田区霞が関 1-4-2 大同生命霞が関ビル 5 階
TEL 03-3502-8050 ／ FAX 03-3508-4071

自治体

都道府県や市町村などでも行政サービスの一環として無料の
法律相談などを行っています。
くわしくは最寄りの各自治体へお問合せください。

監修者紹介

弁護士

江崎正行 えざき・まさゆき

1949年広島県生まれ。東京大学法学部卒業。
東京弁護士会所属。江崎法律事務所所長。
会社法、債権債務、相続問題、遺言相談など民事関係の業務において、
法人・個人を問わず依頼者より長年の篤い信頼を得ている。

●江崎法律事務所
〒104-0045　東京都中央区築地2-11-11 森田ビル2階
TEL：03-3545-1161

編集協力――――株式会社スパイスコミニケーションズ
マンガ――――ひちゃこ
本文デザイン――株式会社スパイスコミニケーションズ
カバーデザイン―ヤマシタツトム＋ヤマシタデザインルーム

これで困《こま》らない！
自分《じぶん》でできる遺言書《ゆいごんしょ》
法的《ほうてき》に有効《ゆうこう》な遺言書《ゆいごんしょ》セット付《つ》き

監　修　　江《え》﨑《ざき》正《まさ》行《ゆき》

発行所　　株式会社 二見書房
東京都千代田区神田三崎町2-18-11
電話：03(3515)2311［営業］
03(3515)2313［編集］
振替00170-4-2639

印　刷　　株式会社 堀内印刷所
製　本　　株式会社 村上製本所

ISBN978-4-576-18195-0
https://www.futami.co.jp